"동네 시장에서 '껍데기는 가라,
알맹@망원시장' 프로젝트를 시작했습니다.
안 쓰는 장바구니와 종이 쇼핑백을 모아
대여하고, 시장 한복판에 채소와 과일 등
알맹이만 모아 놓고 장바구니 든 사람들에게
선물로 주는 캠페인도 합니다.
이런 풍경을 보고
자기 동네 시장도 바꿔보고 싶다며
여기저기서 사람들이 모여듭니다."

"장바구니 들고 장을 보면서 소소한 생활의 기쁨을 누리고 있습니다.
알맹이만 사려면 무게를 재고 물건을 담는 동안 손님과 상인은 이야기를 주고받으며
거래 시간이 늘어납니다. 이처럼 서로에게 말을 거는 관계가 있는 시장은
플라스틱 프리의 핵심입니다."

"생선과 반찬 등 젖은 식품은 반찬통에
나머지는 장바구니에 바로 담고
감자와 양파, 과일은 따로 천 주머니에
넣습니다."

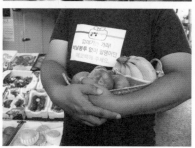

"지구의 이번 생은 망한 걸까요.
한 번 쓰고 버리는 것이 이토록
당연하게 여겨지다니요, 이 막돼먹은
편리함에 답이 없어 보입니다.
제발 포장 좀 줄이자고 나선
플라스틱 포장재 반대 캠페인에서
비닐봉지 코스튬플레이로 시위하는
쓰레기 덕후들입니다."

우린 일회용이 아니니까

우린
일회용이
아니니까

쓰레기 사회에서
살아남는
플라스틱 프리 실천법

고금숙 지음

슬로비

들어가며

지구의 이번 생은 망한 걸까. 한 번 쓰고 버리는 것이 이토록 깨끗하고 멋지고 당연하게 여겨지다니, 이 막돼먹은 편리함에 답이 없어 보인다. 지금 시대는 작심하고서 물건을 버리도록 고안된 세상 같다.

처음 일회용 종이컵이 나왔을 때만 해도 사람들은 차마 컵을 버리지 못하고 계속 사용했다. 칠칠치 못하게 길바닥에서 음료를 마시고는 멀쩡한 컵을 쓰레기통에 버리다니, 지금은 상상이 안 가지만 당시 시민들은 쉽게 버리는 문화를 받아들이지 못했다. 난감해진 제조업체는 '제발 한 번 쓰고 좀 버리세요'라는 일회용 개념을 우리 머리에 장착하기 위해 고군분투했다.

90년대 말 한 해외 커피 브랜드가 국내에 처음 들어올 때도 마찬가지였다. 이 기업은 '시크한 젊은 여성' 이미지를 슬쩍 이용하기로 했다. 어느 여대 앞에 1호점을 열어 도시 여자의 세련된 테이크아웃 이미지를 만들어낸 것이다. 이후 일회용 컵은 공항 패션이나 연예인 파파라치 사진에 담긴 필수품으로 등극했다.

그로부터 20년이 흐른 초여름 어느 날, 나는 70여 명의 '쓰레기 덕후'들과 거리에서 휘핑크림에 얼룩지고 레몬 조각이 동동 떠있는 일회용 컵을 줍고 있었다. 1시간 동안 각각 1,000개가 넘는 일회용 컵과 빨대를 주웠다. 바로 일회용 컵보증금제를 요구하며 컵 줍기에 나선 '플라스틱 컵 어택'이었다.

우리는 씻고 분류한 컵을 가장 많이 나온 브랜드 매장에 돌려주었다. 누군가는 5초 만에 컵을 버렸고 우리는 5초마다 컵을 주웠다. 이렇게 모인 컵들은 어디로 갈까? 이 컵들은 짧게는 30년, 길게는 300년 동안 건재하다. 사라지지도 않는다. 대부분 재활용도 되지 않는다. 잘게 쪼개져 미세플라스틱이 될 뿐이다.

플라스틱
판타스틱의 비극

"우리가 가진 유일한 인생은 일상이다."
실존주의가 멋져 보여서 겉멋에 읽었던 카프카의 소설 한 구절을 기억한다. 나는 '대문자' 운동 체질이 아니다. 국가나 희생 같은 거창한 담론보다는 일상에서 의미를 찾는 '소문자'의 삶을 사랑한다. 일상에 솟아난 작은 마음들을 끼적이는 순간을 좋아한다. 그래서일까, 소싯적 꿈은 대문자 삶을 다루는 신문기자가 아니라 핫해 보이는 패션 잡지 에디터였다. 그들은 골덴을 '코듀로이'로, 야구 점퍼는 '바시티 재킷'이라는 폼 나는 용어를 썼더랬다. 잠바때기의 일상마저 세련되게 만드는 작업이 좋아 보이던 어느 날, 화장실에 떨어져 있던 페미니즘 교지를 주워 읽고 편집부에 들어갔다. 그곳에서 "개인적인 것이 정치적인 것이다"라는 말을 배웠다. 이후 소문자는 대문자의 삶으로 나아갔다.

먹고 입는 일상을 다르게 살기 위해 환경단체에서 일을 시작했다. 주로 여성 건강에 초점을 맞춰 생활용품 속 유해물질과 슬로 라이프를 다뤘다. 건강을 해치는 야간 노동을 줄이기 위해 24시간 여는 대형마트에 파자마와 수면 안대 차림으로 쳐들어가 드러눕는 플래시 몹도 진행했다. 그 결과 대형마트는 밤에 문을 닫고 격주에 한 번씩 쉰다. 영수증 속 비스페놀A, 일회용 컵 코팅의 과불화화합물, 립스틱에 든 중금속, 방향제 속 프탈레이트에 반대하는 캠페인도 진행했다. 내가 사는 일상을, 나아가 지구를 건강하게 만들기 위한 노력이었다.

화장품 속 미세플라스틱에 대한 관심으로 자원활동가를 모아 9,000여 개의 성분을 일일이 확인해 서명운동을 펼친 적도 있다. 덕분에 국내 최초로 '세정용 제품 속 미세플라스틱 사용금지'라는 화장품법 개정을 일궜다. 한국은 전 세계에서 선도적으로 화장품에 미세플라스틱 사용을 금지한 나라가 되었다.

그다음 활동은 일회용 생리대의 유해물질을 알리고 건강한 생리대를 요구하는 캠페인이었다. 마침 건강 문제를 겪은 여성들이 목소리를 내기 시작하면서 논쟁에 불이 붙었다. 그런데 이리저리 시달려서

인지 단체에 들어온 지 10년 만에 처음으로 일이 버겁게 느껴졌다. (아직도 내가 일했던 단체는 '생리대 소송'을 이어가고 있다.) 일상이, 관계가 덜그럭거렸다. 자전거 타고 출근하는 할머니 활동가로 늙고 싶었는데 덜컥 꿈을 접었다.

일을 그만두자 일상과 더 가까워졌다. 집 근처 시장과 생협에서 먹거리를 구하며 동네를 산책하거나 빨래하고 청소하고 뒹구는 시간이 많아졌다. 자연스레 살림에 더 가까워졌다. 특히 일상을 이루는 수많은 사물 중 플라스틱이 눈에 밟혔다. 거북이에게 고통을 주고 흙과 강과 바다를 오염시키는, 인간이 남긴 찌꺼기에 대해서.

우리의 일상은 플라스틱으로 그득그득 차 있다. 중독 수준이다. 일단 플라스틱이 천연 소재를 대체하면 되돌리기 어렵다. 플라스틱은 어마어마하게 '판타스틱'해서 천하무적의 소재이기 때문이다. 플라스틱이 납시면 금속이나 목재, 면화 등 천연 소재는 뒷방으로 물러나기 십상이다. 세계에서 가장 강력한 케냐의 비닐봉지 금지법(사용 시 벌금 4천만 원)을 이끌어낸 활동가 제임스는 말했다.

"정말이지 플라스틱처럼 판타스틱한 재료가 어디 있어요. 다만 모든 곳에 존재하니 문제죠."

어쩌다 쓰레기덕질

플라스틱 자체가 아니라 이 판타스틱한 소재에 걸맞는 대우를 해주지 않는 사회에 분노한다. 주변에서 어쩌다 플라스틱 반대 활동가가 되었냐고 묻는데 뭐, 특별한 이유는 없다. 그냥 마구 쓰고 마구 버리는 행동에 단전으로부터 올라오는 깊은 빡침을 느꼈을 뿐.

플라스틱을 한 번 쓰고 버리기엔 대가가 너무 크다. 그러니 일회용 플라스틱 따위는 줄이고 줄여 사라지게 하는 수밖에 없다. 이런 결심으로 동네 망원시장에서 비닐봉지 없이 알맹이만 사는 '껍데기는 가라, 알맹@망원시장' 프로젝트를 시작했다.

우리는 안 쓰는 장바구니와 종이 쇼핑백을 모아 비닐봉지 대신 대여한다. 가끔 시장 한복판에 채소와 과일 등 알맹이만 모아 놓고 장바구니 든 사람들에게 선물로 주는 캠페인도 연다. 가방 속에 검정 비닐이 있는지 공항 검색대 직원만큼이나 꼼꼼하고 엄하게 따진다.

그러다 보니 자기 동네 전통시장도 바꿔보고 싶은 사람들이 모여든다. 서울 효창동 전통시장 상인회에서, 인천 신포시장 근처 가톨릭교구에서, 포항 쓰레기 없는 마을을 꿈꾸는 엄마들 모임에서… 전국 곳곳에서 알맹이만 사고파는 활동을 해보고 싶다고 연락이 온다. 아직도 갈 길이 멀지만 할 말은 많은지라 부르면 냉큼 가서 다다다 노하우를 공유하며 같이 한숨 쉬다, 이 많은 사람들이 깨알같이 애쓰고 있구나 싶어 힘을 받는다.

알맹 활동이 동네에 뿌리를 뒀다면 '쓰레기덕질'은 이름도 모르고 성도 모르는 개인들의 온라인커뮤니티다. 누구나 하고 싶은 프로젝트를 제안하면 동참하려는 사람이 나타난다. 그렇게 셋 이상 모이면 바로 활동이 시작된다. 비용이 없으면 자기 돈으로 진행하고 전 과정을 게시판에 공개한다.

일회용 컵을 주는 카페를 모니터링해서 매장 내 일회용 컵 사용을 잡고, 그 여파를 몰아 '플라스틱 컵 어택'을 벌여 테이크아웃 컵도 줄여보자고 나선다. 까다롭게 왜 저래, 비위생적이야, 불편해서 어떻게 살아, 과거로 돌아가자는 거냐, 지 혼자만 그런들 뭔 소용이야, 결국 기술이 해결할 거야, 지지리 궁상, 얼마나 아낀다고… 뒤에서 쑥덕이는 말을 들으면 삼겹살 회식에 참석해야만 하는 말단 채식주의자 사원 같은 느낌이 든다.

내 돈 내고 장 보고 포장재 비용도 아껴주는데 "저기… 제 반찬통을 가져왔는데요" 하며 슬그머니 눈치를 본다. 때로는 가방에서 장바구니를 꺼내는 사이 이미 비닐봉지에 담긴 물건이 내게 온다. 상인들 손이 얼마나 빠른지, 원 참. 다시 내 장바구니에 옮겨 담고 비닐봉지를 돌려 드리는 진상이 된다. 텀블러로 주문한 음료에 일회용 빨대가 꽂혀 나오고, 뭔가를 흘리면 주변에서 친절하게 물티슈를 내미는데 이를 어찌 거절하나 싶다.

이 세상의 '기본값'은 한 번 쓰고 버리는 것으로 세팅되어 있다. 이를 거스르는 사람들은 일회용 앞에만 서면 한없이 작아진다. 솔직히 새벽마다 텀블러에 정화수를 떠놓고 쓰레기 대란이 다시 일어나길 간절히 빌고 싶은 마음이다. 하지만 한없이 작아진 존재들과 함께 뭉치면서 내 일상은 일회용 플라스틱 없이도, 안간힘을 쓰지 않고도 별일 없이 굴러가게 되었다. 혼자가 아니라며 손잡아준 존재들이 겹겹이 쌓여 소문자의 삶이 두터워진다.

쓰레기 덕후
소셜 클럽

　　　　　이 책은 일회용 플라스틱에 '열폭'하다가
쓰레기 덕후로 거듭난 사람들과 그들이 모여 사부작사부작 시작한
'쓰레기 덕후 소셜 클럽'의 이야기를 담았다. 클럽은 그때그때 함께
하는 게릴라들로 구성된다. 화장품 미세플라스틱 반대 운동, 매장
내 일회용 컵 사용 모니터링, 플라스틱 어택, 알맹@망원시장, 일회
용 컵보증금제 등 관심사에 따라 매번 다른 사람들이 만나 자유롭
게 활동한다. 생판 남이 함께 하다 보면 동료가 되고 친구가 되고 유
동적인 조직이 된다.

내가 만난 가장 일 잘하면서도 여유 있는 워커홀릭들이 바로 이 덕후
들이다. 심지어 서로 배려하기 바쁘다. 이들은 생계가 따로 있어 한
낮의 캠페인에는 반차를 쓰고, 늦은 밤 화상채팅으로 회의하고, 서로
빈 곳을 채워주며 열정적으로 일한다. 가끔 취재 나온 기자가 단체명
을 묻는다. 우리는 "단체 아니고요, 그냥 덕후예요 덕후"라고 말해보
지만 어김없이 기사에는 환경단체나 환경 네트워크 같은 이름이 실
린다. 사무실도 없고 후원도 없고 단체도 아닌데 어디서 어떻게 일하
느냐 질문도 받는다. 그러게, 내가 묻고 싶은 말이다. 그저 하고 싶은
사람들이 모여 할 수 있는 만큼 쉬엄쉬엄 하다 보니 여기까지 왔달
까. 이렇게 좋은 걸 왜 다른 이들은 안 하는지 다단계 판매처럼 권하
는 것이 덕질의 미덕인가 보다.

"No TV, No 일회용품, No 자동차"를 외치며 뉴욕 한복판에서 환경

에 부담 주지 않는 삶을 실험한 『노 임팩트 맨』의 저자는 "시스템이 변화하기를 기다릴 수는 없다. 우리 개개인이 바로 시스템이다"라고 했다. 참으로 매력적인 말이지만 반은 맞고 반은 틀리다.

개개인의 삶을 바꾼 덕후들이 있어야 사회가 조금이나마 움직이는 건 사실이다. 하지만 텀블러에 손수건에 반찬통에 수저, 이 모두를 보따리장수처럼 싸 들고 다니긴 무겁다. 개인이 떠안아야 하는 세계의 무게가 버겁다. 이 버거움을 덜어내 덕후가 아닌 사람까지 끌어들이는 것, 시스템이란 바로 이런 것들이다. 덕후가 아닌 사람들도 기꺼이 동참할 수 있게 세상의 기본값을 변경하는 설계들.

동네 곳곳에 자리한 중고 및 수리 가게, 포장재 없이 알맹이만 파는 제로 웨이스트 샵, 장바구니와 식기를 대여해주는 시장과 축제, 애초에 재활용하기 쉽게 만들어진 물건들, 강력한 플라스틱 규제와 대안 지원 등 인프라가 깔려야 한다. 그래야만 개인적 실천은 사회적 흐름을 바꾸는 거대한 전환이 된다.

'만약에'로 쌓는 플라스틱 프리

내게 '플라스틱 프리'는 환경호르몬을 피하는 수단이자 미세플라스틱의 원천을 줄이는 고행만은 아니다. 오히려 소문자의 일상을 바꾸는 더할 나위 없는 취향이랄까. 요즘 유행인 심플 라이프나 미니멀 라이프를 꿈꾼다면 그 첫 단계는 일회용 플라스틱을 거절하고 일회용품으로 가득 찬 선반을 비우고 새 플라스틱 물건이 꼭 필요한지 되묻는 과정이다. 공간은 넓어지고 시간은 늘어나고 경제적으로 여유로워진다.

쓰레기 제로 생활을 적극 실천하는 사람들은 이구동성으로 생활비를 약 40퍼센트 줄이고도 삶의 질을 높였다고 말한다. 자본주의는 뭐든 황금으로 만드는 화석연료를 사랑한다. 화석연료에서 뽑은 플라스틱을 거절하는 행동은 자본주의 시스템에서 살짝 벗어나는 기회이자 플라스틱이 채운 일상을 다르게 주조해내는 삶의 기술이다. 플라스틱 프리 생활은 플라스틱의 특징과 정반대 스타일로 일상을 풍요롭게 만든다.

자신과 주변을 천천히 음미할 시간, 아날로그와 핸드메이드를 몸으로 배우고 익히는 문화, 소유한 물건이 아니라 관계와 내재적 가치를 중시하는 자세, 성별에 상관없이 맞살림으로 서로서로 돌보는 소문자의 일상. 바로 한 번 쓰고 버리는 삶의 대척점에 있는 모습이다.

'최대한'이 아니라 '최소한 이것만은' 하는 자세로 시작해 보는 것, 오지랖이 절로 나와 마구 참견하고 간섭하는 각자의 현장을 하나쯤 갖는 것, '절대로'가 아니라 '어쩌면' 하고 망설이는 발걸음에 쓰레기 덕후들의 이야기가 가닿기를 바란다. 이 책은 덕질의 여파로 티엠아이가 난무하고 때론 너무 진지하지만 어쩌겠나, 그래서 덕후인 것을.

20세기 최고의 비평가이자 철학자 조지 스타이너George Steiner는 '만약에'로 시작하는 문장들이 과거와 현재와 미래를 부인하고 재구성하여 변경할 힘을 지닌다고 했다. 그렇다면 '만약에'를 쌓아가는 실천이 희망의 문법이지 않을까. 이 책이 만약에로 시작하는 무수한 문장의 시작이길 바란다.

만약에 언제든 재사용 용기를 대여하고 반납할 수 있다면, 만약에
모든 플라스틱 용기에 보증금이 붙고 재활용되지 않는 플라스틱에
몽땅 세금을 매긴다면, 만약에 재활용 스타킹을 편의점에서 싸게
구입할 수 있다면…

만약에 이 모든 것이 가능하다면
쓰레기 없이도 문제없이 돌아가는 세계, 충분히 멋지지 않은가.

2019년 초가을
망원동에서
고금숙

차 례

3부 변화를 위한 연대의 기술

4부 먹고 입고 자는 모든 순간의 플라스틱 프리

5부 어쩌면 희망적이야

미니멀 라이프로 가는 플라스틱 프리 매뉴얼

＊ 본문에 표시한 ★표는 미주(258-259쪽) 표식입니다.

1부

어쩐지
마음이
불편해

판타스틱
플라스틱!?

　　　　　　　　고백하건대 눈치를 보며 이 글을 쓴다. 내가 사는 다세대 빌라 관리인 아저씨가 가끔 뉴스에서 봤다고 아는 체를 하시는데 혹시 이 책도 보면 어쩌지. 그 역시 같은 빌라 주민이라 근무 시간 외에도 건물을 바지런히 관리하신다. "이번에 플라스틱 어쩌고 하는 책을 썼더구먼요." 하면… 에효, 망했다.

나는 비 존슨(『나는 쓰레기 없이 산다』 저자)처럼 1년에 단 1ℓ의 쓰레기를 배출하는 위인이 아니다. 물론 세상의 모든 일회용품을 거절하고 싶은 마음은 하해와 같지만 현실적으로 노력하는 편이다. 텀블러·손수건·젓가락·스테인리스 빨대 심지어 대나무 칫솔과 천연 실크 치실까지 바리바리 싸 다니고, 15년간 일회용 생리대를 사용한 적이 없다.

해외에 놀러가도 밥을 해 먹는 촌스런 입맛이지만 부엌에서 랩이나 비닐장갑 등 일회용품은 쓰지 않는다. 가끔 일회용 물건을 입양해오는 엄마와 룸메이트에게 잔소리를 해대서 프로불편러 땜에 못 산다는 원성을 듣곤 한다. 그러든 말든 세면대에서 사용한 물을 변기로 연결해 재활용하고 음식물 쓰레기를 퇴비로 만든다. 민주주의 따위 저리 가라지, 집에서는 내가 '환경 독재자'다!

그래도 나 같은 사람이 점점 늘고 있어서 외롭지 않다. 온라인커뮤니티 '쓰레기덕질'을 비롯해 여기저기서 나서고 있다. 쓰레기 없이 살기로 작정한 덕후들이 맨 처음 하는 일은 쓰레기통 뒤지기다. 라면 봉지부터 화장실 휴지와 브래지어 와이어까지 쓰레기의 일거수일투족을 감시한다. 뭔가 변태스럽지만 날마다 지극 정성으로 쓰레기를 배열해놓고 인증샷을 올리는 모습이란.

우린 2018년 4월, 일부 재활용 업체들의 폐비닐 수거 거부로 인한 '쓰레기 대란'을 '쓰레기님의 재림'으로 여겼다. 버리기만 하면 감쪽같이 처리되던 쓰레기님이 드디어 우리를 심판하기 위해 이 땅에 재림하셨도다. 그리하여 나도 6개월간 우리 집 쓰레기 양을 기록해 보았다. 결과는 영 신통찮았다. 당시 여자 3명이 살던 집에서 두 달에 한 번꼴로 10ℓ 종량제봉투가 차고, 한 달에 한 번꼴로 5kg의 음식물 쓰레기를 퇴비로 만들고, 2주에 한 번꼴로 터져나갈 듯한 분리수거함을 비웠다.

왜 이토록 많은 쓰레기가 나올까? 고민하는 나를 뒤로하고 룸메이트는 몰래 시켜 먹은 배달 음식 일회용기를 집 밖 분리수거함에 버렸다. 한데 허술하게도 방바닥에 굴러다니는 피자 고정대나 개수대에 빠진 치킨 무 하나에 들켜버리곤 했다. 암만 생각해도 배달 음식에는 대안이 없었다. 그러니 타협도 없었다. "독재 타도"를 외치는 룸메이트를 탄압하고 그릇을 회수하는 중국집을 제외한 모든 배달 음식 금지령을 내렸다. (재사용 용기를 사용하는 중국집은 온라인 리뷰로 확인한다. 2021년부터는 배달 음식 앱에서도 서울 일부 지역에 한해 다회용기를 선택할 수 있다. 어서 전국으로 확대되어 우리 집에서도 배달 음식 먹는 날이 오면 좋겠다.)

꽉 찬 분리수거함을 보니 압도적으로 플라스틱과 비닐봉지가 많았다. 사실 쓰레기 대란이 터지기 전만 해도 한 뭉치씩 분리배출하는 나 자신이 뿌듯했다. 김 부스러기마저 깨끗이 씻은 봉투를 내놓는, 분리배출계의 모범인 나란 여자. 하지만 쓰레기 대란을 통해 수많은 재활용품이 결국 소각장과 매립지에 처박히거나 중국으로 수출됐다는 사실을 알게 됐다.

첫 해외여행에서 비닐봉지가 영어로 뭔지 처음 알았다. 슈퍼 직원이 플라스틱 백이 필요한지 묻기에 목욕 바구니라도 주는 줄 알았는데 얇은 비닐봉지라서 실망하고 말았다. 한국과 일본에서는 보통 플라스틱을 장난감이나 반찬통처럼 딱딱한 제품에 한정한다.

반면 두 나라를 제외한 다른 곳에선 플라스틱이 비닐봉지 지우개 페인트 합성섬유 등 석유에서 뽑은 모든 합성수지를 포함하는 용어다. 말하자면 비닐봉지도 껌도 타이어도 아크릴 수세미도 죄다 플라스틱 범주에 속한다. 플라스틱은 단단하고 말랑말랑하고 가볍고 실용적인, 거의 모든 물건의 실체다.

플라스틱 중 가장 많이 쓰이는 비닐봉지를 살펴보자. 2013년 한 해 동안 국내에서만 약 190억 장, 하루로 치면 대한민국 인구보다 많은 5200만 장의 비닐봉지가 사용됐다. 돈으로 치면 6천억 원이요,

온실가스로 치면 260만 톤을 배출한 양이다.★ 세계적으로는 이 문장을 읽는 10초 사이 20만 장의 비닐봉지가 버려진다. 참을 수 없는 존재의 가벼움이 모여 감당 안 되는 무거움이 되었다.

환경문제를 과학적으로 풀어내는 칼럼니스트 수전 프라인켈(『플라스틱 사회』 저자)도 이 같은 현실에 부딪혀, 플라스틱 안 쓰기로 시작한 프로젝트를 하루 동안 접촉한 플라스틱을 기록하는 방향으로 수정했다. 플라스틱 없이 살기란 불가능했기 때문이다.

그는 자신이 쓰는 모든 물건 중 플라스틱과 플라스틱 아닌 것의 비율을 2:1로 기록했다. 비싼 원목 대신 나무 무늬 시트지가 붙은 합성수지 가구를 쓰고, 면 파자마 대신 보들보들한 폴리에스테르 수면 바지를 입는 나는 이 비율이 4:1 정도다. 플라스틱 반대 활동가인 나조차도 세상에서 편리한 재료를 딱 하나 고르라면 망설임 없이 플라스틱을 선택하겠다. 그럼에도 불구하고, 아니, 바로 그래서 감히 플라스틱을 일회용품 따위로 낭비하면 안 된다고 목놓아 외치고 싶다. 전 세계 플라스틱 중 약 절반이 한 번 쓰고 버리는 포장재로 사용된다.

언젠가는 일회용품이 사라져 '쓰레기 산'처럼 거대한 분리배출 더미를 내버리지 않는 날이 오기를. 그날이 오면 관리인 아저씨께 당당히 책 자랑을 해야지.

플라스틱
없이도

별일 없이
산다

나는 10년 넘게 망원동 근처에 살고 있다. 고향을 떠나 서울에 올라와 처음으로 마음을 준 동네. 『아무튼 망원동』 『이번 생은 망원시장』 『여자 둘이 살고 있습니다』 등 내 처지를 빙의한 듯한 이 책들의 배경도 모두 망원동이다.

망원동이 매력적이라면 그것은 '망리단'을 만들어낸 기획 부동산의 농간 때문이 아니다. 대안적 문화와 오래된 토박이의 삶이 자연스레 어울려 옛날 동네 같으면서도 자유로운 분위기를 뿜어내기 때문이다. 이를 상징적으로 보여주는 사건이 있다. 약 10년 전 망원시장과 지역 주민이 주변에 입점하는 대형 마트에 맞서 싸우다 결국 대형마트 제한 품목 지정 및 보상금 지급에 합의한 바 있다. 망원시장 상인들은 이 보상금을 공공자금으로 내놓아 공용 화장실과 상인회 사무실, 시장 음식을 자유롭게 먹을 수 있는 '카페M' 공간을 마련했다. 내가 장바구니를 대여하고 비닐봉지 줄이기 캠페인을 시작한 알맹@망원시장 프로젝트의 거점이 바로 카페M이다.

어느 날 온라인커뮤니티에 "내 반찬통 들고 가서 망원시장에서 거절당한 분? 비닐봉지 없이 장 보고 다른 사람들과 함께하고 싶지 않아요?"라고 올렸더니 30명이 모였고, 그중 7명이 남아 망원시장을 바꿔보려고 뭉쳤다. 이후 알짜 2기와 3기 모임을 결성해 현재 약 15명이 느슨하게 활동하고 있다.

우리는 서로 알맹이만 원하는 자라는 뜻에서 '알짜'라고 부른다. 사무실도 전화도 월급도 없다. 그저 카페M에 기대어 회의도 하고 플라스틱 프리 물건도 전시하고 자기 용기에 세제를 담아가는 세제 리필샵도 연다. 종종 카페M에 알맹 사무실이냐는 전화가 온다니 무슨 사업이라도 하는 것 같다.

원래 카페M은 다른 카페처럼 일회용 빨대를 자유롭게 썼다. 알짜들이 이 꼴을 어찌 두 눈 뜨고 보랴. 매장 내 빨대를 싹 치우고 그 자리에 거북이 콧구멍에서 빨대를 빼내는 잔혹하고도 슬픈 사진을 붙여놓았다. 그러고는 버블티나 스무디도 마실 수 있는 두꺼운 대나무 빨대, 알록달록하고 말랑말랑한 실리콘 빨대, 예뻐서 사진 찍기 좋은 유리 빨대, 얼음의 시원함을 전하는 스테인리스 빨대 등 다양한 빨대를 꽂아놓았다. 빨대 없이 마시면 거북이도 살리고 입가 주름도 예방한다는 협박성 권고와 함께 다회용 빨대 세척비 100원을 책정했다. (단 어린이, 노약자, 장애인, 치과 손님에게는 무료로 빨대를 제공한다.)

다른 카페에선 일회용 빨대를 당연히 주는데 까탈을 부려도 될까, 손님들이 더럽다고 다회용 빨대를 싫어하면 어쩌지…. 오만 가지 고민은 우려에 불과했다. 카운터에서 손님에게 "빨대 필요하세요?"
하고 물으면 대부분이 "네, 주세요." 한다. 매장에 일회용 빨대를 비
치해놓으면 빨대 없이 마시도록 디자인된 뚜껑에도 어떻게든 빨대
를 꽂아 마신다. 반면 일회용 빨대를 없애고 손님이 직접 요구하게
하면 하루에 한두 명이 요청할까 말까다. 사람들은 처참한 거북이
사진을 보며 빨대 없이 음료를 마실 수 있다는 사실을 새삼스레 깨
닫고 실천한다. 이를 행동경제학에서는 '넛지효과'라고 한다. 넛지
는 강요하고 다그치는 방법이 아니라 행동을 바꾸도록 유도해 특정
한 선택을 하거나 하지 않도록 간접적으로 개입하는 방식이다.

지금의 세계는 작정한 것처럼 사람들이 일회용을 쓰도록 유도한다.
이 교묘한 넛지를 반대로 돌려 일회용을 안 쓰도록 체계를 바꿔야
한다. 다회용품을 쓰는 이가 아니라 일회용품을 쓰는 이가 직접 요
구하고 값을 치르게 해야 한다. 세상은 어떤 행동을 하도록 정해진
설계에 따라 주조된다. 개인에게 선의를 요구하기보다는 세상의 룰
을 바꿔야 한다. 나는 늘 들고 다니는 수저 집에 스테인리스 빨대도
함께 넣어둔다. 텀블러에 음료를 주문했는데 직원이 일회용 빨대를
꽂아주면 난감하다는 심정을 '스댕 빨대'로 내보인다.

내 텀블러에 꽂혀 나온 일회용 빨대를 보며 곰곰이 생각한다. 이 빨
대를 돌려줘도 어차피 버려질 거고 나만 진상 손님이 된다. 유명한
제로 웨이스트 블로그 Going Zero Waste에 실린 '쓰레기 없이 사
는 101가지 방법' 하나는, 피자 시킬 때 미리 고정대를 빼달라고 요
청하기다. 물론 나도 그 치밀함을 존경한다. 한데 그게 다 무슨 소용
이람. 몇몇이 그런들 매일매일 엄청난 양의 쓰레기는 꿈쩍도 안 하

는데.

가방 속 장바구니와 텀블러는 한계가 있다. 더군다나 플라스틱 없는 삶은 현재로선 불가능하다. 키보드를 두드려 글을 쓰고 자전거 탈 땐 헬멧을 쓰고 우리 집 베란다 태양광과 연결된 전선에 전기가 흐른다. 이 모든 것은 플라스틱으로 이뤄져 있다. 산속에서 수행하는 스님도 아니고 속세에서 어떻게 플라스틱을 거부한단 말인가.

나에게 플라스틱 프리는 플라스틱 없는 삶이나 지구를 구한다는 비장한 각오와는 좀 다르다. 내겐 플라스틱 덩어리인 노트북도 필요하고 안경테도 필요하다. 다만 비닐봉지나 일회용 컵·수저·빨대 등 일회용 플라스틱 없이는 살 수 있겠다 싶다. 2002~2014년 사이 전 세계 플라스틱의 45퍼센트는 '포장용'으로 사용됐다. 그 다음으로 건축용 19퍼센트, 소비자 제품 12퍼센트 순이다. 즉 한 번 쓰이고 버려지는 포장용만 어떻게 해도 플라스틱 사용량의 절반을 줄일 수 있다는 뜻이다. ★

그러니 일회성 플라스틱부터 잡고 가면 된다. 온갖 염치와 오지랖을 부리며 고군분투할 깜냥 따위 없으니, "아 저도 그래요!" 하는 사람들과 다보록다보록 모여 판을 갈아엎을 작당을 한다. 이미 늦은지 모르지만 나는 지금 여기서 할 수 있는 일을 할 테다. 좋아서, 또 그게 옳다고 생각하니까.

다행히 쓰레기 대란이 휩쓸고 나서 해외 직구로 비싸게 들어오던 플라스틱 프리 물건을 국내에서도 쉽게 접하게 됐다. 비싼 대나무 칫솔 가격이 반 이상 떨어지고 천연고무 라텍스로 만든 요가 매트도 나오며 유리병에 든 생분해 치실을 주문하면 종이 완충재에 배달된다. 행사 때 텀블러를 대여·세척해주는 업체와 택배 박스를 재사용하는 쇼핑몰도 등장했다. 만듦새가 좋은 천연 소재의 플라스틱 프리 물건은 고루하게 들리던 정치적 올바름을 일상의 소확행이자 작은 사치로 승격시킨다. (2018년 CJ오쇼핑은 뽁뽁이를 종이 완충재로 바꿨는데 이용해 본 지인들은 선물 받는 기분이라며 만족감을 드러냈다.) 머리에 띠 두르고 팔뚝질하던 사회운동은 개개인의 취향이 스며든 라이프스타일로 승화한다.

인스타그램에 올라오는 수많은 '플라스틱 프리'와 '제로 웨이스트' 사진은 카페 정경처럼 차분하고 정갈하다. 젊은 층이 열광하는 느리고 소박한 삶의 모습을 담은 〈킨포크〉 잡지는 저리 가라다. 더 좋은 것은 일회용을 쓰지 말자고 하면 그 옛날 새마을운동쯤으로 여기던 사람들이 멋지다며 치켜세우는 문화다. 힘들고 까다롭고 불편한 플라스틱 프리 운동의 느낌이 스르르 사라지고 있다.

나는 살 물건을 정한 후 자전거에 반찬통과 장바구니를 싣고 전통시장에 간다. 자전거 앞뒤에는 커다란 바구니가 달려 있어 수월하게 짐을 나른다. 이름하야 나의 '망원동 에코 SUV'. 생선과 반찬 등 젖은 식품은 반찬통에, 나머지는 장바구니에 바로 담는다. 흙 묻은 당근과 양파 등은 따로 천 주머니에 담는다. 전에는 반찬통 무게를 일일이 재야 해서 싫은 기색인 상인들도 있었는데, 비닐봉지를 줄이는 알맹@망원시장 활동을 하면서 당당히 반찬통을 내밀고 (망원시장에서 통용되는) 지역 화폐도 받고 칭찬도 듣는다. 독립투사도 아닌데 나더러 애국자라나 뭐라나.

집에 돌아와 양념이 묻고 비린내 나는 비닐봉지를 정리할 필요도 없다. 반찬통 그대로 냉장고에 쏙 집어넣으면 끝. 미리 계획하고 필요한 만큼만 사 오니 음식물 쓰레기와 생활비가 줄었다. 일부 가공식품은 비닐에 포장되어 있어서 아쉽다. 룸메이트가 내 성을 '김'씨로 부를 만큼 김 러버인데 김자반을 직접 만들 자신은 없다. 언젠가는 김자반도 반찬통에 담아 살 수 있는 날이 오지 않을까.

덜
소비하고

더
존재하는 삶

플라스틱 사회에서 탈출하는 방법은 '하루 한 가지씩 365일 정리하기'나 '00가지 방법'처럼 심플한 해결책이 아니다. 원인은 나쁜 정책과 기업에도 있는데 자기만 잘해서 어쩌라고. 개인에게 강요하는 방식은 햇빛을 모으는 돋보기처럼 그의 행동에만 초점을 맞춘 나머지 그를 태워 버린다. 오늘도 쓰레기를 이만큼이나 버렸어, 플라스틱 또 썼어… 이렇게 자신을 탓하게 만든다. 친환경 제품에 지갑을 여는 착한 소비도 플라스틱 문제를 해결하지 못한다. 특정 물건을 소비하는 건 근본적인 해결책이 아니다. 개인의 작은 실천이 아니라 뒤집어엎는 혁명만이 세상을 바꾼다고 주장하는 환경 근본주의자는 이렇게 반박한다. "재활용을 하고 태양광 패널을 집에 달고 SNS로 알리고 대안 물건을 산다고? 뭐가 그리 순진해. 노예제도가 노예 한 명 풀어줘서 없어진 것 같아? 근데 왜 환경문제에서만큼은 전적으로 개인적인 해결책과 착한 소비에만 기댈까?★ 그래서 세상이 바뀔 것 같아? 80퍼센트 이상의 쓰레기가 가정이 아니라 건설 현장과 공장에서 나온다고! ”

나에게 개인의 갸륵한 노력만으로 플라스틱 문제가 해결될 수 있냐고 묻는다면 그렇지 않다고 답하겠다. 나는 근본주의자의 딴지가 옳다고 생각한다.

플라스틱은 줄이고
관계는 늘리고

나는 온갖 물건을 챙겨 다니는 플라스틱 프리 동지들에게 무한한 동지애를 느낀다. 하지만 카페M 사례에서 보듯 일회용 빨대를 매장에 비치하지 않는 등 카페 자체의 룰을 바꾸는 게 중요하다. 그래야 쉽게 실천할 수 있고 다른 사람도 함께 할 수 있다. 실천하는 개인이 프로 불편러라고 손가락질 받으며 매번 지도록 정해진 게임의 법칙을 바꿔야 한다.

물건이 생산되고 사용된 후 쓰레기로 버려지기까지 일생을 추적한 『물건 이야기』의 저자 애니 래너드는 이런 말을 남겼다. “내가 제기하는 근본적인 문제는 개인의 행동이나 잘못된 라이프 스타일이 아니라 망가진 시스템에서 비롯된 것이다. ‘취하고-만들고-버리는’ 치명적인 시스템이 야기한 문제인 것이다.”

백번 맞다. 그런데 개인이 어떻게 시스템을 바꾸지? 답은 의외로 쉬운 데 있다. 노동조합이나 환우회가 괜히 있는 게 아니더라. 세상의 비주류와 약자는 혼자가 아닌 '우리'로 존재할 때 부당한 기준을 바꿀 수 있다. 그 우리는 개인의 행동과 실천에서부터 시작한다. 개인의 진정성이 근본을 떠받치지 않는 한 사회적 변화는 일어나지 않는다.

개인의 실천과 집단적 변화는 남북 경계선처럼 물리적으로 분리되지 않는다. 서로 넘나들며 서로의 존재를 가능하게 해주는 되먹임의 관계다. 둘 중 뭐가 우선인지가 뭐시 중허단 말인가. 개개인의 행동이 서로 연결되어 우리가 되는 것, 또 사회적 변화와 총체적 시스템으로 연결되도록 물꼬를 트는 일이 중요하다.

쓰레기를 줄이려고 나선 자발적인 시민들은 '플라스틱 챌린지'를 SNS에 올리고 자신이 버린 쓰레기를 일렬로 세워 기록한다. 기록한 쓰레기를 보고 죄책감의 구렁텅이에 빠지기도 하지만 동시에 시스템의 구멍을 보기도 한다. 아무리 노력해도 서울에서는 해외 블로거들처럼 쓰레기를 1년에 1ℓ만 내놓을 수 없다. 사회시스템과 시장의 관행이나 문화가 다르기 때문이다.

환경부에 따르면 2018년 한 해 대한민국 국민은 1인당 약 370장의 비닐봉지를 사용했다. 그해 4월에 터진 쓰레기 대란 이후 사회적 인식과 규제가 강화되면서 전년도의 420장에서 50장이 줄었다. 한편 덴마크와 핀란드 시민들이 한 해 사용하는 비닐봉지는 1인당 4장이라는데, 마치 북유럽 디자인 강국들은 비닐봉지 없이도 얼마든지 '엣지' 있게 살 수 있다고 말하는 듯하다.

그러나 국내 실정으로 보아 더 줄이기는 어렵다. 장을 보면 적어도 5개의 비닐봉지와 랩, 3~4개의 스티로폼이 나온다. 장바구니와 용기를 들고 가도 비닐봉지나 랩에 싸이지 않은 채소와 과일이 흔치 않다. 배는 재활용이 안 되는 스티로폼 난좌에 앉아있고 당근은 비닐봉지에 담겨 있으며 떡은 스티로폼 용기에 들어 있다. 먹고사는 자체가 플라스틱 자판기다.

이와 달리 독일과 인도에 가보니 무화과를 무화과 잎에 싸고 딸기는 계란판 같은 폐지에 담는 등 플라스틱에 포장된 먹거리가 흔치 않았다. 한국을 방문한 스위스 친구는 한 개씩 비닐에 담겨 있는 바나나를 보고 물었다. "바나나는 껍질이라는 옷을 입고 있는데 왜 또 비닐을 씌워? 너네는 바나나 껍질도 먹어?"

실물이 있는 삶, 알맹이가 있는 삶

카톡 채팅방 '쓰레기 없는 세상을 꿈꾸는 방'에는 약 800여 명이 모여 있다. 마트에서 자기 용기에 고기를 담아 달랬더니 용기 전체를 랩으로 둘둘 싸주어 고객 센터에 불만을 접수한 사연이며 비닐 포대를 쓰는 사료 업체에 종이 포장지로 바꿔 달라고 건의한 이야기가 올라온다. 비닐 없이 구입할 수 있는 빵집과 플라스틱 대신 종이 상자를 사용하는 명함 제작업체 정보를 나누고, 플라스틱 컵에 종이컵을 겹쳐주는 카페를 어떻게 신고할 건지 등등 하루 평균 30건도 넘는 이야기가 넘실댄다. 아주 지구를 구할 기세다.

그런가 하면 쓰레기덕질에선 등산하며 쓰레기를 줍는 '줍줍', 쓸모 없는 물건으로 필요한 걸 만드는 '쓸애기를 부탁해' 같은 오프라인 모임도 열린다. 그러다 누군가 하고 싶은 주제를 던지면 관심 있는 몇 명이 붙어 함께 해낸다. 매장 내 일회용 컵 사용실태 조사, 일회용 컵보증금제 서명운동, 플라스틱 컵 어택 같은 활동이다.

'빨대데이'를 정해 안 쓰는 빨대를 모아 기업에 되돌려준 결과 요구르트병에 붙은 빨대를 없앴고, 밀봉 상태로 출시되는 스팸에 플라스틱 뚜껑을 덮어주지 말라고 요구한 '쓰담쓰담'의 활동은 마침내 스팸 회사를 움직였다. 명절 스팸 선물 세트에서 뚜껑을 없애는 효과를 낳은 것이다. 또 해외에선 브리타 정수기 필터를 재활용하는 것을 보고 국내에서 8,000개의 폐필터를 모아 재활용을 요구한 '브리타 어택'도 성공적이었다. 2021년 브리타코리아는 6개가 모이면 폐필터를 무료로 수거해 재활용하는 프로그램을 시작했다.

어디 그뿐인가. 포항 바닷가에서 아이들과 쓰레기를 줍고 플라스틱 프리 캠페인을 하는 포항 엄마들의 모임 '쓰맘쓰맘' 등 곳곳에서 자발적인 활동이 이어진다. 이처럼 혼자선 엄두도 못 낼 일을 시도하는 쓰레기 덕후 소셜 클럽이 여기저기 나타나고 있다. 서로가 서로의 곁이 되어 주면 지치고 귀찮은 마음이나 일회용품의 유혹을 떨칠 수 있고, 지속할 용기와 즐거움도 얻는다.

우리 동네 망원시장에서 장바구니를 대여하는 알맹@망원시장도 주변의 동네 주민 7명이 운영한다. 아마 나 혼자였다면 그 많은 실무와 부담을 감당하지 못했을 것 같다. 여럿이 모이니 부담보다는 보람이 컸고 누구나 장바구니를 사용할 수 있는 인프라를 깔게 되었다.

우리는 비닐봉지를 거절하거나 용기를 들고 오는 손님들에게 지역 화폐를 나눠주며 마포공동체경제네트워크 '모아' 팀과 연결된다. 플라스틱 프리 캠페인으로 근처 성미산 학교와 성미산 마을과도 접속한다. 망원시장 주변에서 10년 넘게 살았지만 이토록 많은 동네 사람들을 만나고 상인과 일일이 이야기를 나눠본 적이 없다. 요즘은 상인들이 아는 척을 하셔서 동네 홍반장이 된 거 같다. 장 보러 간 룸메이트가 "대진청과에서 너 요새 안 보인다고, 장바구니 떨어졌다고 좀 가져다 달래"라고 한다. 맞습니다. 잠시 출장 다녀왔어요. 아, 차가운 도시 여자로 남고 싶은 내 익명성은 플라스틱 프리 활동에 황망히 사그라지고 말았다.

플라스틱 용기 없는 화장품을 고민하는 모임도 있다. 함께 화장품을 만들고 각자 가져온 통에 덜어가는 워크숍도 진행한다. 대용량 벌크 세제를 사서 가져온 세제 용기나 다른 사람들이 기증한 용기에 담아가는 리필샵도 연다. 플라스틱 프리를 꿈꾸는 동네 사람들끼리 필요한 물건을 같이 만들거나 벌크로 구입해 나누니, 버리는 플라스틱은 줄어들고 관계는 늘어난다.

제로 웨이스트 샵 '더피커' 주인장은, 서로 말을 거는 관계가 있는 시장이 플라스틱 프리의 핵심이라고 말한다. 알맹이만 사려면 손님은 용기에 담아주는지 물어보고, 상인은 무게를 재고 물건을 담는 동안 이야기를 건네며 거래 시간이 늘어난다.

알맹@망원시장 활동에 가장 열심히 참여하는 '남경반찬' 사장님은 용기를 가져온 이들 사진을 일일이 찍어 손님들에게 자랑스레 보여주신다. 우리 알짜들이 가면 덤을 얹어 주고 싶어서 난리다. 비닐에 그냥 달라는 손님에겐 호통을 쳐서 좀 조마조마했는데, 어느 날 망원시장 상인회에서 연락이 왔다. 남경반찬에서 혼난 손님이 상인회에 불만을 접수했던 것이다! 사장님께 그러지 마시라 했더니 다음 날 "플라스틱은 멀리, 가족은 가까이"라는 현수막을 간판 아래 붙여놓으셨다. 장 보러 다녀온 룸메이트가 또 전한다. "야, 지나가는 사람들한테도 다 들리게 손님을 혼내시더라. 가서 좀 말려." 아서라, 소용없다. 지금 사장님은 덕질 중.

미리 비닐 포장된 문화에서는 손님과 상인이 재빨리 거래를 치른다. 상품을 빨리 고르고 빨리 돈 내고 빨리 가는 것이 금과옥조다. 그런데 아시아만 빼고 세계 어디에서도 이토록 미리 농산물을 죄다 싸놓는 전통시장은 본 적이 없다. 독일 프라이부르크 농민 시장에서 물건을 만지작거리는 내게 이 세척 솔은 용설란이고, 이건 말털이고, 이렇게 리필해 쓴다고 찬찬히 설명해주던 상인들이 생각난다. 하도 설명이 좋아 선물용으로 두 개를 구입했더니 신문지에 돌돌 말아주었다.

빨리빨리 문화는 최대한 많은 쓰레기를 만들고 최대한 빠른 소비를 장려하고 최소한의 관계를 맺게 한다. 전날 밤에 시키면 일회용 포장재에 둘둘 싸여 몇 시간 만에 도착하는 새벽 배송을 유통 혁신이라고들 한다. 미안하지만 내가 보기엔 빨리빨리 물결 위에서 이룩한 나쁜 혁신이다. 사회적 속도 자체를 가속하고 일하는 사람을 지워버린 채 더 많은 물건을 쉽게 사서 더 많은 쓰레기를 버리게 한다. 쇼핑이 언제부터 응급실과 경찰서처럼 야간에 급히 처리할 일이 되었나.

우리가 그토록 열심히 경제성장을 해서 이루고 싶은 게 이런 삶이었을까? 나는 산들산들 장을 보고 집밥을 해 먹을 시간과 여유를 원한다. 별것 없는 우리네 인생도 저녁이 있는 삶을 누릴 수 있는 사회를 원한다. 하지만 죽도록 일한 하루의 끝, 몸과 정신은 너덜너덜해지고 장 볼 시간도 없다. 온라인 장보기를 하면 누군가 야간에 미치도록 일한 노동은 지워지고 물건만 깔끔하게 문 앞에 놓인다. 야간 노동은 국제암연구소^{IARC}가 지정한 2급 발암 요인이다. 새벽 배송은 편리하고 빠르고 효율적이며, 노동시간이 긴 한국 사회에 딱 맞는 스타일이라 승승장구한다.

좋든 싫든 오프라인 가게는 빅데이터와 편리성과 야간 노동을 갈아 넣은 최첨단 혁신의 온라인몰을 이길 수 없다. 그러니 동네의 작고 오래된 가게들은 다른 방향의 혁신을 만들어야 한다. 손님과 상인이 대화하며 관계를 맺고 손님은 좀 더 비싸거나 물건이 덜 좋을 때도 응원하는 마음을 담아 단골 가게를 이용하는 것, 이야기가 있고 관계가 있는 동네, 그게 바로 실물이 있는 삶이자 알맹이가 있는 삶 아니던가.

어떤 물건도 어떤 사람도 쓰레기로 취급하지 않는 삶

나는 우리 사회가 2인 1교대의 안전수칙조차 지키지 못해 떠나보낸 20대 하청 노동자 '김군'들을 기억한다. 그들은 지하철 스크린 도어를 고치다, 태안 석탄 화력발전소에서 시설을 점검하다 참사를 당했다. 가방에선 컵라면과 일회용 젓가락이 나왔다. 밥 먹을 시간도 없이 일회용 용기에 담긴 음식을 후루룩 먹고 일하다 결국 곁을 지키는 동료가 없어 목숨을 잃었다.

물건과 사람을 일회용품 취급하며 오로지 '빨리'만 사고파는 사회의 밑감에는 쓰레기와 죽음과 소외가 자리 잡는다. 소설가 김훈은 김군들의 죽음을 "사람들이 날마다 우수수우수수 낙엽처럼 떨어져서 땅바닥에 부딪쳐 으깨지는데, 이 사태를 덮어두고 한국 사회는 어디로 가자는 것인가"라고 일갈했다. 고층 빌딩 신축공사 현장에서 낙엽처럼 떨어져 죽는 노동자가 1년에 약 300명이다.

나는 김군들의 죽음을 보며 크리스 조던의 기념비적인 작품 〈알바트로스 새〉를 떠올렸다. 크리스 조던은 태평양 중간에 있는 미드웨이섬을 방문해 날개 길이가 4m에 이르는 거대하고 아름다운 새 알바트로스에 홀렸다. 그의 본래 직업은 변호사인데 힘들어지면 다시 주류 세계로 돌아갈까 봐 변호사증을 반납해 버리고 활동가이자 작가로 살게 된다.

미드웨이섬은 한반도 면적의 7배가 넘는 태평양 쓰레기 섬(정확히는 섬이 아니고 플라스틱 스모그 혹은 패치라고 한다) 근처에 있다. 죽은 새의 배에서 라이터며 음료수 뚜껑이 우수수 나온다. 배에 플라스틱이 가득 찬 새는 사지를 부르르 떨거나 몸이 무거워 바다로 날지 못한다. 바다에 가야 먹이를 구할 수 있으므로 날지 못하면 굶어 죽는다. 부모 새는 먼바다에서 구한 먹이를 몸에 담고 돌아와 게워서 새끼에게 주지만 그 안에는 플라스틱이 섞여 있다. 새끼 새의 몸에 들어간 플라스틱 조각은 내장을 파괴한다.

『플라스틱 없는 삶』에 따르면 바닷새 중 90퍼센트 이상의 소화기관에서 플라스틱이 발견된다고 한다. 크리스 조던은 4년 동안 8차례 미드웨이 섬을 오가며 그 현실을 영상과 사진으로 기록했다.

영상의 제목이 플라스틱도 알바트로스도 아닌 〈이 시대의 러브 스토리Midway : a love story for our time〉인 까닭은, 그럼에도 미드웨이섬과 알바트로스가 눈부시게 아름답기 때문이다. 그의 작품에 담긴 것은 죽음과 고발이 아니라 찬란한 바다와 반짝거리는 햇살과 우아한 알바트로스의 비행과 바람에 흩날리는 들꽃들이다. 그러니 사랑할 수밖에.

일회용 플라스틱 반대는 서로의 삶에 말을 걸고 시간을 들이고 관계를 만들어가는 운동이다. 그저 쓰레기를 줄이는 데서 그치지 않고 삶의 속도를 늦춰 보통의 일상과 다른 사람의 안녕과 지구의 건강을 챙기는 여정이기도 하다. 근본적으로는 빨리빨리와 효율성에 잠식된 우리 사회의 시간을 늦추고, 다른 삶의 방식이 가능한 사회를 요구하며 따르고 싶은 라이프스타일을 보여준다. 이제 우리는 다른 삶의 방식과 속도를 원한다. 그리고 그 길은 세상의 어떤 물건도, 어느 누구도 쓰레기로 취급하지 않는 삶에 있다.

2부

플라스틱,
넌
누구냐

일회용품이
깨끗하다고?

"텀블러가 얼마나 더러운데 그걸 갖고 다녀?" "이런 거 하는 나라가 어디 있어?"

쓰레기 대란을 겪고 온 국민이 쓰레기 무서운 줄 알던 시절에 국회의원 입에서 나온 말이다. 2018년 환경부는 일회용 컵에 보증금을 부과하는 '컵보증금제'를 하려고 나서다 국회에서 봉변을 당하고 말았다. 환경부 안을 검토한 회의록을 보면 환경노동위원회에 속한 이상돈 국회의원이 버럭 호통을 친다. 이 발언에 쓰레기덕질 멤버들은 모두 경악했다. "이거 실화냐? 이상돈 의원은 식당에서 일회용 수저랑 컵만 쓰나 봐. 쫓아가서 파파라치 하고 싶다."

일회용 컵이 깨끗하고 편리하다며 국회의원들이 법을 막은 결과 거리엔 재활용되지 않는 테이크아웃 컵이 넘쳐난다.

스웨덴 풍경은 이와 사뭇 다르다. 2017년 9월 나는 유해물질 관리

제도를 보기 위해 스웨덴 화학물질관리청을 방문한 적이 있다. 정수기가 어디 있냐는 물음에 그곳 직원은 탕비실 싱크대로 나를 안내했다. 응? 어쩌라고? 그는 손수 수도꼭지를 틀더니 어정쩡하게 서 있는 내게 수돗물을 담은 컵을 건네주었다. 점심 식사 후 스웨덴 공무원들은 각자 컵에 수돗물을 받아 마셨다. 그들에게는 수도꼭지가 바로 정수기였다. 식당에서도 유리병에 물이 나왔는데 역시나 수돗물이었다. 주변을 둘러 봐도 생수를 사 마시는 사람이 없었다.

『발칙한 유럽 산책』을 쓴 빌 브라이슨은 특유의 입심으로 북유럽에서 숙박비를 현금으로 계산하려면 수레에 돈을 싣고 와야 한다고 했다. 물가가 비싸다는 뜻인데, 식수에 관한 한 맞기도 하고 틀리기도 하다. 500㎖ 작은 생수가 3,000원 정도로 비싸지만 대부분이 수돗물을 마신다. 물은 사 먹는 상품이 아니라는 개념이 스웨덴 전반에 깔려있다.

영화 〈써니〉에서는 80년대 여중생들이 미래에는 물과 공기를 사 먹을 거라고 상상하는 장면이 나온다. 그중 일부가 현실이 되었다. 우리는 자연스레 플라스틱에 담긴 생수를 사 먹는다. 이제 세계적으로 초당 2만 병, 매년 약 5천억 개의 플라스틱 병이 사용된다. 1년 동안 판매되는 플라스틱 병을 일렬로 늘어놓으면 지구에서 태양까지 거리의 절반에 이른다.

스웨덴에서 돌아와 플라스틱 사용도 줄일 겸 북유럽 휘게 스타일도 따라 할 겸 수돗물을 마셨다. 그것을 지켜본 사람들은 눈에 동공 지진을 일으키며 '돌았구나' 하는 표정을 지었다. 가끔 텀블러에 음료를 마실 때 이런 충고를 듣기도 했다. "텀블러가 얼마나 더러운데,

박테리아 많대." 모두 내 건강을 염려해주는 말이다. 일회용은 무조건 깨끗하고 위생적이라는 관념 앞에선 북유럽 휘게고 나발이고 아무 소용이 없다.

2018년 유엔은 환경의 날 공식 주제를 '플라스틱 오염으로부터의 탈출'로 정했다. '오염'은 더러워지거나 해로운 것에 물든다는 뜻인데 오직 한 번만 사용하는 일회용 플라스틱은 오염과 정반대되는 깨끗함의 대명사 아닌가. 그런데 유엔은 플라스틱을 오염으로 규정해 탈출하자고 한다. 생수가 들어있는 페트병은 플라스틱 중 비교적 안전한 재질이다. 문제는 여름철 온도가 상승하면 페트 제조에 용매로 사용된 환경호르몬 '안티몬'이 나오고, 페트병에 담긴 시간이 길수록 농도가 높아진다는 사실이다.

이를 증명하듯 생수병 물에 여성호르몬인 에스트로겐 작용을 하는 환경호르몬이 들어있어 유방암 세포가 78퍼센트나 활성화된다는 보고가 있다. 또 생수에서 수돗물보다 더 많은 세균과 박테리아가 검출되었다는 뉴스도 종종 본다.* 이유는 단순하다. 고인 물은 흐르는 물보다 오염되기 쉽기 때문이다. 4대강 사업으로 보에 갇힌 강물이 '녹차라떼'가 된 이치와 같다.

일회용 종이컵 안쪽을 코팅한 플라스틱에서는 갑상선 호르몬에 영향을 주는 과불화화합물PFAS이 검출된 바 있다. 종이컵의 뚜껑인 폴리스티렌PS은 열에 약해 높은 온도에서 스타이렌 등의 휘발성 유기화합물VOCs이 나올 수 있다.

대만에서는 유해성을 우려해 뜨거운 음료가 닿는 종이컵 뚜껑을 폴리스티렌PS에서 폴리프로필렌PP으로 교체하도록 했다. 몇 년 전, 대만의 한 카페에서 직접 뚜껑 재질을 확인했는데 폴리스티렌 뚜껑은 아예 찾을 수 없었다. 대만을 제외하면 세계 각국에서 종이컵 뚜껑으로 가장 많이 사용되는 재질이 폴리스티렌이다.

이처럼 더럽거나 해로운 것에 물든다는 오염의 정의에 따르면, 플라스틱에 담긴 물이나 음료가 오염됐다고 할 수 있다. 논리적으로는 생수보다 수돗물을 마시고 일회용 컵보다 텀블러를 사용해야 한다. 하지만 사람들 머릿속에는 '일회용+플라스틱=위생' 이라는 공식이 천연 암반수보다 더 깊이 자리 잡고 있다. 생수와 플라스틱 컵 그리고 일회용 빨대가 쉽게 사라지지 않는 까닭이다.

코로나19라는 역병이 창궐하면서 방역을 이유로 점점 더 많은 일회용품이 사용되고 있다. 물리적 거리 두기와 자가 격리로 택배 및 배달 음식의 일회용품이 늘어나고 사용이 금지된 일회용품마저 풀렸기 때문이다. 특히 일회용 마스크는 세계적으로 올해만 약 3조 개가 사용될 예정이다. 이를 비닐 두께로 계산하면 63빌딩 24만 964개 높이다. 빨아 쓰는 천 마스크로도 비말 전염을 막을 수 있고 60도 이상의 물에 담갔다 빨면 코로나바이러스 위험도 사라진다.

얼마 전 역학자·생물학자·의사 등 18개국에서 모인 119명의 과학자들은 일회용품이 다회용품보다 안전하지도 않을뿐더러, 폐기 시 공중보건 문제를 일으킨다는 성명을 발표했다. 이에 더해 UCLA 연구는 플라스틱이 바이러스가 가장 오래 살아남을 수 있는 재질 중 하나라고 밝혔다. 코로나 시대의 뼈 때리는 교훈은 밑도 끝도 없이 일회용품을 따르지 말 것, 일회용품을 쓰고 버려 코로나 사태의 근본 원인인 환경 파괴에 가담하지 말라는 거다.

유해물질이
흐르는 인체도

조금은
플라스틱

　　　　　　　　몇 해 전 많은 사람들이 플라스틱 반찬통
을 유리와 스테인리스 재질로 갈아치운 적이 있다. 티비에서 〈환경
호르몬의 습격〉이라는 프로그램이 방영된 직후의 일이다. 방송에
나온 현실은 충격적이었다. 합성세제에선 페놀이, 플라스틱 반찬통
에서는 프탈레이트와 비스페놀이라는 유해물질이 검출되었다. 출
연자들이 일상생활에서 플라스틱을 치우자 그들의 몸속 유해물질
이 줄고 생리통 증상이 호전됐다.

어디 그뿐인가. 말랑말랑한 플라스틱으로 만든 지우개와 장난감에
서는 프탈레이트라는 환경호르몬이 나오고, 플라스틱으로 인쇄한
영수증에서는 비스페놀A가 검출되고… 환경호르몬이 나왔다는 물
건은 어김없이 플라스틱 재질이다. 환경호르몬은 환경에 있는 물질
이 몸 안에 들어와 천연 호르몬처럼 작용한다고 해서 붙은 이름이

다. 정식 명칭은 '내분비계 장애물질'이다. 내분비계 기능을 교란해 본인 혹은 자손의 건강에 손상을 입힌다는 뜻이다. 환경호르몬 대부분이 화석연료에서 뽑아낸 합성화학 제품에서 나온다.

인체에서 자연스럽게 분비되는 호르몬과 플라스틱이라니, 도무지 아귀가 들어맞지 않는다. 하지만 플라스틱이 어디서 왔는지 생각하면 고개가 끄덕여진다. 플라스틱을 뽑아낸 화석연료는 본디 '천연' 재료다. 화석연료는 수많은 동식물의 사체가 열과 압력을 받아 물리 화학적으로 변형된 산물이다. 척추동물은 누구나 공동 조상이 물려 준 내분비계를 가지고 있다. 수없이 진화하고 종이 나뉘면서 많은 변화가 있었지만 '아메바 시절'의 원액을 나름 공유하는 셈이다. 아무리 삭아도 원액의 기억이 남는지, 화석연료에서 합성한 물질은 척추동물이 공동으로 지닌 내분비계 호르몬을 흉내 낸다.

인체에서 호르몬이 나오면 한쌍이 되는 세포와 들어맞으면서 우리 몸이 반응한다. 호르몬이라는 열쇠가 몸의 반응을 열어젖히는 이 현상을 '열쇠 반응'이라고 한다. 인간을 비롯한 거의 모든 척추동물은 열쇠 반응을 공유한다. 화석연료의 거름이 된 동물들도 마찬가지다. 도둑이 만능키로 남의 집 문을 여는 것처럼, 몸은 진짜 호르몬이 아닌 플라스틱에서 빠져나온 호르몬에 속아 넘어간다.

사춘기가 되면 성호르몬 작용으로 털이 나고 목소리가 변하는 등 2차 성징을 한다. 그러나 환경호르몬이 마치 진짜 호르몬처럼 세포 수용체에 들어맞으면 일찍 2차 성징이 나타나는 성조숙증이 생긴다. 어디 그뿐인가. 플라스틱이 우리 생활을 점령하면서 정자 수 감소와 활동성 저하, 불임, 생식 주기 교란, 자궁내막증 등 환경호르몬으로 인한

증상이 전염병처럼 퍼지고 있다.

환장하게도 플라스틱은 모든 곳에 있다. 플라스틱 없인 지금처럼 대규모로 싸고 빠르게 물건을 만들어 낼 수 없다. 그 덕에 생활은 편리하고 윤택해졌지만, 이는 곧 어디에나 플라스틱에서 나온 환경호르몬이 퍼져있다는 뜻이기도 하다. 물과 먹거리를 섭취할 때나 화장품과 생활용품을 쓸 때, 심지어 공기나 먼지를 들이마실 때도 환경호르몬에 노출된다. 몸에 흘러 들어온 플라스틱 성분 탓에 인류도 조금은 플라스틱이 되어버렸다. 2011년 발표 자료에 따르면 신생아 제대혈에서 자연적으로 존재하지 않는 300여 개의 합성화학물질이 검출되었다.★

석유화학제품을 제조하는 공장 주변에는 그 영향이 도드라진다. 유해물질의 건강·환경 영향을 연구하는 뉴욕의 블랙스미스연구소에 따르면, 세상에서 가장 오염된 10개 지역 중 1위는 아제르바이잔의 숨가이트라는 도시다. 숨가이트는 구소련에서 석유화학제품을 제조하는 중심지였는데, 이곳 암 발생률은 아제르바이잔 전국 평균 수치보다 51퍼센트나 높다.★

전 세계적으로 '암 마을'의 배후에는 석유 생산지, 석유화학 원료 정제소, 합성비료 공장 등이 놓여있다. 국내에는 주민 40여 명 중 15명이 암으로 숨진 남원 내기마을이 있다. 석유 찌꺼기로 아스팔트를 만드는 인근 아스콘 공장에서 뿜어나온 유해물질이 주변 환경을 오염시키고 주민들의 건강을 해친 것으로 추정된다. 플라스틱과 합성수지를 생산하는 단계부터 공장 노동자와 지역 주민들은 유해물질에 우수수 으깨져 버린다.

안전한
플라스틱이

있을까?

　　　　　　　상대적으로 더 안전하고 덜 유해한 플라
스틱이 있긴 하지만 100퍼센트 안전한 플라스틱은 없다. 오죽하면
북극곰과 고래에게 미안해하기도 바쁜 환경단체들이 나서서 암 예
방 프로젝트를 시작했을까. 종류에 상관없이 플라스틱이 건강에 문
제를 일으키는 네 가지 이유가 있다.

첫째, 플라스틱은 돌고 돌아 미세플라스틱이 되어 밥상을 점령하고
우리 몸으로 들어온다. 미세플라스틱은 비교적 최근 이슈라 건강에
미치는 영향에 대해선 더 많은 연구가 필요하고 대변을 통해 몸 밖
으로 배출된다는 결과도 있다. 하지만 나노 사이즈의 미세플라스틱
은 세포나 기관 내까지 침투할 수 있어 앞으로 어떤 영향이 나타날
지 조마조마하다. 더구나 미세플라스틱이 환경에 남아있는 잔류성
유기화합물을 흡착해 독성까지 장착하고 덤벼들 가능성도 있다. 다

시 말해 유해물질까지 묻은 미세먼지가 호흡기로 들어오는 꼴이다. 미세먼지도 위험한데 미세플라스틱까지 쌍으로 우리 건강을 위협하는 시대다. 인간이 제 발로 불러온 건강 재앙이라 누굴 탓할 수도 없다.

둘째, 상대적으로 안전한 플라스틱조차도 실생활에서 환경호르몬을 내뿜을 우려가 있다. 2010년 조지 비트너 박사 연구팀은 음식이나 음료를 담는 455개의 플라스틱 용기를 조사했다. 연구팀은 작게 자른 용기를 실생활(설거지, 냉동, 전자레인지 작동, 밀폐된 차 안에 방치 등)에 맞게 사용했다.★

그 후 환경호르몬이 들어있는지 알아보기 위해 이 플라스틱을 유방암 세포 속에 넣었다. 유방암 세포는 여성호르몬인 에스트로겐에 민감하게 반응하는데, 플라스틱에서 나온 환경호르몬이 에스트로겐처럼 작용한다면 유방암 세포가 급격히 늘어나야 한다.

조사 결과 '비스페놀A 프리' 젖병과 폴리에틸렌이나 폴리프로필렌은 물론이고, 식물성 플라스틱처럼 안전하다고 알려진 플라스틱도 유방암 세포를 증식시켰다. 연구팀은 플라스틱 제품을 제조하는 과정에 들어가는 다양한 종류의 페놀류를 의심한다. 우리 몸에서 분비되는 천연 호르몬인 세로토닌 도파민 아드레날린 등도 화학구조로 따지면 페놀류에 속한다.

셋째, 플라스틱은 생산부터 폐기까지 모든 과정에서 유해물질이 나온다. 플라스틱의 모태인 석유를 정제할 때도, 석유화학공장에서 플라스틱 원자재를 제조할 때도, 버려진 플라스틱을 태울 때도 대기오염물질과 미세먼지가 발생한다. 미세먼지는 무조건 중국 탓이 아니다. 국내 자동차 배출가스에서도, 난방할 때도, 화력발전소에서도 나온다. 발전소 에너지로 플라스틱 소비재가 만들어진다. 따라서 플라스틱을 생산하고 사용하고 버리는 동안 미세먼지도 높아진다. 게다가 소각되는 과정에서 다이옥신이 나온다. 다이옥신은 맹독성 물질로 생태계에 잔류하며 멀리까지 이동하고 먹이사슬에 농축된다. 다이옥신에 속한 물질 중 독성이 가장 강한 TCDD는 청산가리의 1만 배 넘는 독성을 가졌다. 다이옥신은 베트남 전쟁에서 미국이 베트남 밀림을 말려 죽이려고 뿌린 고엽제에도 섞여 있었다. 그로 인해 베트남에서는 전쟁 후 기형아 출산이 이어졌고 고엽제를 쏟아 부은 열대 밀림에선 지금도 죽어나간 고목을 볼 수 있다. 베트남전에 참전한 한국군과 그 자녀들도 여태 고엽제 후유증을 앓고 있다. 물론 요즘 소각장과 고형연료 발전소는 유해물질을 제어할 기술을 갖췄다. 하지만 애초에 플라스틱을 줄이는 것이 천만번 옳지 않은가.

넷째, 플라스틱을 만들 때 수백 종의 첨가제가 사용되는데 이 중에 유해물질이 들어있다. 여기에는 납·카드뮴처럼 유해한 중금속, 프탈레이트·비스페놀A·브롬화난연제 등의 환경호르몬이 포함된다. 납과 카드뮴은 배터리 성분으로 쓰이지만 플라스틱 제조 과정에서 안정제로도 사용된다. 몇 년 전 멸치를 삶는 데 쓰는 플라스틱 채발에서 기준치의 4배가 넘는 납이 검출되어 중금속과 플라스틱이 쌍으로 쓰임을 증명해 보였다.★ 중금속은 몸에 축적되고 지능 저하, 생식 질환, ADHD 등을 일으킨다. 특히 납은 아동의 인지 능력을 떨어뜨리는 대표적인 물질이다. 초등학교 교실에서 플라스틱 의자나

PVC 창틀, 합성섬유 커튼 등에 중금속 측정기를 대보면 유해 중금속이 얼마나 많은지 단박에 알 수 있다.

플라스틱에 든 유해 첨가물 종류	들어있는 제품
프탈레이트 (생식독성, 환경호르몬, 발암물질)	향수, 플라스틱 용기, 플라스틱 장난감 등
브롬화난연제 (갑상선 호르몬 교란, 신경 독성)	가전제품, 매트리스·소파 충전재 등
비스페놀A(생식독성, 비만, ADHD 유발)	영수증, 금속 캔, 폴리카보네이트 제품 등

가전제품과 매트리스나 소파 충전재 같은 합성수지에 첨가돼 불에 잘 타지 않게 하는 브롬화난연제는 담배 회사의 로비로 일상에 쉽게 침투했다. 1970년대에는 실내 흡연이 많아 화재가 자주 일어났는데, 어린이를 보호한답시고 잠옷에 브롬화난연제를 첨가했다. 실내 흡연을 금지하는 대신 가전제품과 합성수지로 만든 물건이 잘 타지 않도록 유해물질을 집어넣은 것이다. 그렇게 마구 사용한 결과 미국에서는 (1972년에서 1997년 사이 5년마다) 모유 속 브롬화난연제 농도가 두 배씩 증가했다.★

플라스틱에 포함된 유해 첨가제는 두고두고 문제가 된다. 해당 제품을 사용하면서 계속 위험에 노출될 뿐 아니라 미세플라스틱으로 쪼개지거나 다른 제품으로 재활용될 때도 여전히 유해물질이 나온다. 영수증을 종이로 분리배출하면 안 되는 이유도 플라스틱 코팅으로 인쇄하기 때문이다. 게다가 영수증 코팅에 비스페놀A가 들어 있어 재활용할 경우 그 제품도 비스페놀A에 오염된다. 실제 해외에서는 재활용 종이 박스에서 비스페놀A가 검출된 바 있다.

지금보다 규제가 느슨할 때 생산된 제품을 재활용하면 유해물질이 고스란히 대물림되고, 제조 과정에서 일하는 사람도 유해물질에 노출된다. 말하자면 플라스틱뿐 아니라 유해물질도 재순환한다는 이치.

국내 재생 플라스틱은 잔류성 유기화합물을 규제하는 스톡홀름 협약에 포함된 브롬화난연제 성분을 금지하지 않는다. 재활용품인 재생 플라스틱을 장려해야 하니 기존 플라스틱 제품에 함유된 브롬화난연제 성분은 좀 봐주자는 거다.

이미 재생 플라스틱 분야에선 브롬화난연제 성분을 제거하는 기술이 나와 있다. 물론 비용이 든다. 그러니 믿고 쓸 수 있는 재활용 제품을 만들고 건강한 순환 경제를 밀어붙이려면 애초에 플라스틱에 들어가는 유해물질 관련 규제를 강화해야 한다. 유럽연합도 순환 경제의 로드맵에서 해결해야 할 최우선 과제로 플라스틱 유해성 문제를 뽑았다.

플라스틱에도

계보가
있다

폴리에틸렌, 폴리프로필렌, 폴리스티렌, ABS, 페트, 폴리우레탄, 폴리카보네이트, PVC, PES, PPSU… 아직 플라스틱의 절반도 못 읊었다. 플라스틱은 라벨에 쏘인 재활용 1~7번 외에도 종류가 많다. 이들 모두 화석연료에서 뽑아낸 '합성 폴리머'의 자식들이지만 다양한 만큼 성격도 제각각이다. 종류별로 유해성도 죄 다르다. 상대적으로 안전한 것이 있고 당장 사용을 말리고 싶은 것도 있다. (그린피스가 발표한 플라스틱 위험성 순위에 따르면 PVC⇒폴리스티렌⇒페트⇒폴리에틸렌 및 폴리프로필렌⇒식물성 플라스틱 순으로 안전하다.)

몸에만 유해한 게 아니다. 알다시피 플라스틱은 인간이 가늠할 수 있는 시간 안에 썩지 않는다. 인간은 고등동물이라 면역체계가 잘 발달해 다른 동물이나 미생물보다 환경호르몬을 잘 방어하는 편이

플라스틱 계보도

플라스틱 종류	위험도	유해성	제품	재활용 표시	재활용 여부	규제
피브이씨 PVC	위험	프탈레이트(환경호르몬), 납, 카드뮴	장난감, 비닐랩, 실크벽지, 시트지, 장판 등	♳	재활용 어려움 (페트와 똑같아 보이지만 페트와 섞이면 모두 재활용 안됨)	독일, 스위스, 네덜란드, 일본, 체코 등 PVC 포장재 사용 금지. 2019년 12월부터 국내 PVC 포장재 사용 금지
폴리스티렌 PS	위험	브롬화난연제(갑상선 호르몬 교란, 신경 독성)	요구르트병, 일회용 스푼, 스티로폼 받침접시, 컵라면 용기 등	♸	흰색만 재활용 가능	뉴욕, 2019년부터 육류와 해산물 포장을 제외한 모든 일회용 스티로폼 용기(PS) 사용 금지. 대만, 테이크아웃 컵 뚜껑 PS 사용 금지
폴리카보네이트 PC	위험	비스페놀 A(생식독성, 비만, ADHD 유발)	반투명 플라스틱 컵, 대형 생수통 등	♹ other	재활용 어려움	젖병, 어린이 식기 등에 사용 제한(국내 및 해외)
페트 PET	보통	안티몬, 프탈레이트(환경호르몬)	생수병, 음료수병, 식료품 용기 등	♳	투명의 경우 재활용 우수	
폴리에틸렌 PE	안전	비교적 안전	우유병, 화장품 용기, 식품 용기 등	♴ ♵	단일 재질의 경우 재활용 가능	
폴리프로필렌 PP	안전	비교적 안전	받침접시류, 식품용기, 물통 등	♶	단일 재질의 경우 재활용 가능	

※ 그린피스 플라스틱 위험성 순위에는 폴리카보네이트가 빠져 있음.
　이 표에서 폴리카보네이트는 저자가 추가함.

다. 그런데 썩지도 않는 플라스틱이 바다와 땅과 공기를 한없이 떠돌며 유해물질을 배출하면 인간보다 약한 생명들은 어떻게 될까.

2016년 세계경제포럼 보고서에 따르면 지금까지 생산된 플라스틱 포장재 중 재활용 비율은 14퍼센트뿐이고 쓰레기로 처리되거나 결과가 불분명한 경우가 86퍼센트였다. 특히 그중(14퍼센트의 재활용률) 제대로 된 재활용 사례는 단 2퍼센트에 불과했고 재활용 과정에서 버려지는 양이 4퍼센트, 질이 낮은 플라스틱으로 다운 사이클링된 경우가 8퍼센트였다.

재활용되지 않는 쓰레기 86퍼센트 중 40퍼센트는 매립되었고 14퍼센트는 소각되었으며 32퍼센트는 지구 어딘가를 떠돈다. 유엔환경계획 보고서도 비슷한 결과를 보여준다. 지금까지 약 100년 동안 90억 톤의 플라스틱이 사용되었고 이 중 단 9퍼센트만 재활용되었다.

대다수의 플라스틱이 원한을 품고 저세상으로 못 가는 혼령처럼 지구를 떠돌고 있다. 그뿐인가, 유해물질을 내뿜으며 지구에 쌓이고 우리는 물론 다음 세대가 이 문제를 껴안고 살아가야 한다. 아마 우리보다도 훨씬 잔혹한 현실을 맞이할 것이다.

2018년 8월, 한 청소년이 금요일마다 등교를 거부하고 기후변화 대책을 촉구하는 일인 시위 '#미래를 위한 금요일#FridaysForFuture'을 시작했다. 스웨덴의 10대 환경운동가 그레타 툰베리 이야기다. 툰베리는 파리기후변화협약에 따라 정부가 온실가스 배출을 줄일 것을 요구하는 시위를 벌였다. 그는 "당신들은 자녀를 가장 사랑한다고 말하지만, 기후변화에 적극적으로 대처하지 않는 모습으로 자녀들의 미래를 훔치고 있다"고 따끔하게 질책한다. 툰베리에 영감을 받은 수많은 10대들이 한국을 비롯해 전 세계 125개국 2,000여 곳에서 기후변화 행동을 함께했다.

"당신들은 늙어서 죽겠지. 우리는 기후변화로 죽을 거야. 우리는 미세플라스틱으로 죽을 거야."

나는 그들이 SNS에 올린 피켓을 보고 울컥했다. 우리는, 우리가 쓰고 버린 플라스틱에 응당 책임을 져야 한다.

플라스틱,

재활용하면
되는 거 아냐?

쓰레기 대란 이후 배가 빵빵한 종량제 쓰레기봉투를 투척하는 횟수가 늘었다. 어림잡아 20퍼센트 정도 늘어난 것 같다. 차라리 몰랐더라면 이 번뇌는 내 몫이 아니었을 텐데. 분리배출했으니 재활용될 거라는 막연한 기대가 무너졌다. 음료에 세트로 붙어 나오는 플라스틱 빨대도 청색이나 야광 색 페트병도 비닐봉지에 붙은 종이 라벨도 몸통과 재질이 다른 펌프 뚜껑이 달린 화장품 통 등, 이 모두가 재활용을 어렵게 한다.

10년 넘게 환경운동을 했는데 쓰레기 대란이 터지고 나서야 직면한 사실이었다. 아아, 그동안 내가 고이 모아 내놓았던 분리배출 덩어리들은 죄다 무슨 소용이던가. 분리수거함엔 플라스틱이 넘쳐나고 재활용되지 않는 것도 너무 많다. 나는 약 6년간 종량제 쓰레기봉투를 얼마나 자주 내다 버리는지 기록해왔지만, 분리수거에는 일말의 죄책감도 갖지 않았다. 그건 쓰임새 있는 물건으로 재탄생할 씨앗이라고 믿었기 때문이다.

쓰레기 대란은 빚 독촉하는 사채업자처럼 내게 분리수거 이후의 부채를 내밀었다. 애꿎은 쓰레기가 재활용 선별장에 보내져 다시 매립지로 이동할 것을 생각하면, 차라리 처음부터 종량제봉투에 버리는 게 낫겠다 싶었다. 당장 분리수거함에 넣기 전 플라스틱 '자질' 검사를 시작했다. 혼자 쓰레기 감별사 '쓰믈리에'라고 이름도 붙였다. 그리하여 나는 청색 탄산수 페트병을 예전처럼 플라스틱 수거함에 넣을지, 바짝 찌그러뜨려 종량제봉투에 버릴지 고민하는 처지가 되었다.

내 안의 철딱서니 없는 낙관주의자가 '유색 페트병은 재활용 안 되지만 혹시 몰라' 라고 속삭이면 분리수거함에 넣는다. 반면 이성적인 현실주의자는 어차피 재활용도 안 되는데 그냥 종량제봉투에 버리라고 한다. 나약한 나의 의지 때문만은 아니다. 잘못은 애초에 재활용이 안 되는 개떡 같은 포장재를 제조하고 사용하는 기업에 있다.

플라스틱은 재활용을 싫어해

2018년 단 한 방에 재활용의 실상을 만천하에 알린 중국 덕분에 우린 암만 분리수거를 한들 재활용은 답이 될 수 없다는 사실을 알았다. 2016년에 1500만 톤의 폐플라스틱이 거래됐다. 중국은 대륙 스케일로 전 세계에서 거래되는 폐플라스틱의 약 51퍼센트를 수입했다. 그러니 폐플라스틱 문제를 고발한 영화 제목이 인도도 브라질도 아닌 〈플라스틱 차이나〉인 것은 우연이 아니라 필연이다.

영화는 폐플라스틱이 모여든 곳이 쓰레기 산과 환경오염과 질병을 얻는다는 사실을 적나라하게 보여준다. 중국에 가장 많은 폐플라스틱을 수출한 나라는 어딜까? 바로 미국이다. 소비주의 화신인 데다 분리수거도 엉망인 나라니까. 그런데 두 번째로 폐플라스틱을 많이 수출한 곳은 의외로 유럽연합이었다. 유럽연합에 속한 많은 나라들이 그 당시 이미 높은 재활용률과 진일보한 폐기물 정책을 선보였는데도 말이다. 즉 정책이 앞서 나가도 플라스틱 소비 자체를 줄이지 않는 한, 결국 폐플라스틱은 이 지구를 구천처럼 떠돌게 된다. 개발도상국이든 바다든 오지든 '여기'가 아닌 어디라도.

플라스틱은 1950년 연간 200만 톤에서 2015년 3억 800만 톤으로 급증해 지난 65년 동안 약 200배 증가했다. 이는 같은 기간 전 세계 총 생산량 증가율보다 2.5배나 높았다.★ 이 추세라면 2050년에는 총 340억 톤의 플라스틱이 쌓여 2015년보다 4배 많은 플라스틱이 지구에 나뒹굴 것이다. 복리이자가 무서운 이유는 원금에 이자가 붙고 불어난 돈에 다시 이자가 붙는 과정이 연속되기 때문이다. 돈이 없으니 플라스틱을 빌어 복리이자의 원리를 깨우쳐보자. 쓰레기가 늘어도 전에 쌓여있던 것들이 사라지면 답이 있다. 원금을 빨리 갚는다면 이자 걱정이 없는 것처럼 말이다. 그런데 원금을 갚기도 전에 이자가 눈덩이처럼 불면 비극적 결말에 이를지도 모른다. 플라스틱도 복리이자처럼 본래의 양에 계속 더께를 더

해서 늘어날 뿐이다. 결국 재활용은 플라스틱 사용을 줄일 때만 의미를 갖는다.

저널리스트 존 티어니는 재활용을 "과잉의 죄악에 대한 속죄의 의례"라고 표현했다. 분리배출을 잘했으니 어디선가 잘 쓰이고 있겠거니 하고 안심시켜 주는 의례. 플라스틱을 재활용하면 된다는 생각은 기우제를 지냈으니 곧 비가 올 거라고 믿는 것과 같다. 세계에서 재활용률이 높은 나라들이 몰려있는 유럽조차도 플라스틱 재활용률이 고작 29.7퍼센트고 중국은 22.8퍼센트에 그친다. 미국에서는 사용한 플라스틱의 약 9.5퍼센트만 분리수거된다.★

사실 플라스틱은 세상에서 가장 재활용하기 힘든 재질이다. 종류 자체가 심란하다. 수혈도 같은 혈액형끼리 가능하듯 재활용도 무조건 종류가 같아야 한다. 그런데 우리가 사용하는 플라스틱만 해도 약 70종이고 그중 재활용 선별장에서 처리되는 종류가 약 10여종, 나머지는 버려진다. 육안으로 보기엔 투명해서 똑같아 보이지만 반 톤의 페트병 덩이에 PVC가 조금만 섞여 있어도 모두 버려야 한다. 페트와 PVC는 녹는점이 달라 PVC가 엉겨 붙어서 기계가 망가지기 때문이다.

더군다나 같은 페트 재질을 모아놓는다고 재활용이 되는 것도 아니다. 불어서 모양을 잡은 페트병과 압출 성형한 페트 재질의 트레이는 녹는점이 달라 섞이면 아무 쓸모 없는 덩어리가 된다. 음료수병도 페트 재질이고 딸기 포장재도 페트 재질이지만 이들을 섞지 않고 따로 처리하는 이유다. 화장품 용기로 사용되는 글리콜변성 PET PET-G도 페트에 속하지만 재활용이 안 된다. 플라스틱이 존재의 사활을 걸고 재활용에 대항해 파업하는 형국이랄까.

그에 비하면 유리나 알루미늄이나 캔은 얼마나 심플한가. 유리는 크게 붕규산 유리와 소다석회 유리로 나뉘는데, 내열유리를 빼면 일상생활에서는 대부분 소다석회 유리가 사용된다. 그래서 무색 갈색 녹색으로 색깔만 맞춰 분리수거하면 재활용이 된다. 금속의 경우 캔류는 알루미늄이든 철이든 모두 같이 배출하고, 못·나사·공구 등 고철류만 따로 모으면 되고 자력과 비중에 따라 쉽게 분류된다.

그러나 플라스틱은 생산 단계에서부터 재활용은 나 몰라라 하고 만들어진 물건이 많다. 마음 같아선 생산하는 주축을 죄다 잡아서 미세플라스틱 한 솥단지씩 퍼먹이고 싶다. 집에 있는 플라스틱 통을 모아보니 몸통부터 캡과 펌프까지 최소 3종류를 사용한 제품이 부지기수다. 누가 폴리스티렌 재질 요구르트 병에 붙은 알루미늄 뚜껑을 매번 뜯어내고 버릴까. 스티로폼도 문제. 회나 고기를 신선하게 보이려고 빨간 선이 그어진 스티로폼 접시에 받쳐놓는데, 스티로폼은 오직 흰색만 재활용된다.

한국은
폐플라스틱 수입국입니다만

이처럼 분리수거 해봤자 애초에 재활용이 안 되는 플라스틱 물건이 세고 셌다. 얄밉게도 기업은 유리섬유강화플라스틱GFRP과 탄소섬유강화플라스틱CFRP 같이 더 가볍고 더 단단하고 더 질긴 신상 플라스틱 소재를 내놓는다. 이 과정에서 여러

가지가 섞인 복합 재질이 나오고 다양해지면서 재활용은 더욱 힘들어진다.

그 결과 우리는 폐플라스틱을 수입하는 나라가 되고 말았다. 중국이 수입 중단을 선언한 지 1년 만에 폐플라스틱 수출국이던 한국은 수출보다 수입이 더 많은 나라로 전락했다. 주로 일본과 미국 등 OECD 국가에서 80퍼센트 이상의 폐플라스틱이 이 땅에 실려 왔다. 아니, 불과 얼마 전에 필리핀에 불법으로 수출한 폐기물이 되돌아와 글로벌 망신살을 떨쳤던 우리가 폐플라스틱을 외국에서 사온다고? 이게 말이 돼?

말이 된다. 해외에서 사 오는 폐플라스틱은 재질이 단일하고 깨끗한 상태라 재활용이 쉽다. 그대로 가공해 재생 플라스틱을 만들거나 솜이나 실을 뽑아낼 수 있다. 이와 달리 국내 폐플라스틱은 색과 재질이 다양하고 라벨도 떨어지지 않으며 이물질이 묻어있는 등 재활용 전처리 과정이 힘들어 폐기 처분하게 된다. 왜인지 경제적으로는 알겠는데 너무 속상하다.

2019년 5월에 유해폐기물의 국가 간 거래를 금지한 바젤협약이 개정되었다. 재활용이 힘든 PVC나 복합 폐플라스틱을 유해폐기물에 포함시켜 국가 간 이동을 막고 무조건 수입국의 사전 승인을 받아야 한다. 한데 바젤협약은 OECD 국가 사이에는 적용되지 않는다. 선진국에서 개발도상국으로 폐플라스틱을 보낼 때는 제한이 있지만 OECD 국가끼리는 제한이 없다. 이를테면 미국은 폐플라스틱을 베트남으로 못 보내도 한국으로는 보낼 수 있다.

폐플라스틱을 가장 많이 수출하는 미국은 바젤협약을 OECD 국가에 적용하는 데 반대하고 있다. 2019년 7월 나는 국내외 시민단체와 모임 45곳을 모아 이를 우려하는 공문을 외교부에 보냈다. 한국을 포함해 모든 OECD 회원국이 복합 폐플라스틱 거래 금지에 찬성했으나, 딱 한 곳 미국이 반대하고 나섰다. (국내로 들어오는 해외 폐플라스틱 수입을 막고 국내 폐플라스틱 재활용률을 높이기 위해 '폐기물의 국가 간 이동 및 처리에 관한 법률 시행령'이 통과를 기다리고 있다. 2019년 현재 한국은 97개국이 비준한 바젤협약 수정안을 비준하지 않은 국가 중 하나다.)

폐기물 및 유해물질 관련 국제협약

- **바젤협약** 유해폐기물의 국가 간 이동이나 교역을 규제하는 협정. 2019년 유해폐기물 범위에 재활용이 어려운 복합 폐플라스틱과 PVC 등을 포함시켰고, 폐플라스틱의 경우 수입국의 사전 동의를 얻도록 개정되었다.
- **스톡홀름협약** 분해되지 않고 생태계에 오랫동안 남는 잔류성유기오염물질POPs을 규제하는 협정. 대표적으로 DDT는 제조와 사용 및 수출입이 금지되었다.
- **런던협약** 세계 각국이 산업 쓰레기나 핵폐기물 등을 바다에 버리는 것을 규제하는 협정. 한국은 1992년 런던협약에 가입하고도 음식물 쓰레기, 오폐수 등을 바다에 버리다가 최근에야 이를 중지했다.
- **로테르담협약** 인체 및 환경에 유해한 화학물질 및 농약 거래 시 수출국이 수입국에 미리 알리고 사전 동의를 받도록 한 협정.
- **몬트리올협약** 지구 오존층을 파괴하는 CFC, 할론 등 화학물질의 생산과 사용을 규제하는 협정. 가장 성공한 협약 중 하나로 오존층 파괴를 예방했다.

- **미나마타협약** 유해물질인 수은의 사용·배출을 줄여 수은으로 인한 피해를 막기 위한 협정

닫힌 재활용
열린 재활용

역설적으로 우린 얼마나 분리배출을 잘하는 민족인가. 미국이나 동남아 심지어 유럽 시민들보다 잘한다. 분리배출 따윈 모르쇠로 깡그리 다 섞어 버리는 곳을 여행할 때마다 몸은 편해도 마음이 불편한 적이 한두 번이 아니었다.

가끔 빈 방을 무료로 공유하는 숙박 플랫폼을 통해 여행자에게 방을 내놓다가 얼마 전 그만 뒀다. 가장 큰 이유는 종량제봉투에 비닐봉지부터 음식물 쓰레기와 샘플용 샴푸까지 함께 버리는 여행자가 속출했기 때문이다. 그들이 버린 쓰레기를 끄집어내 분류하자니 복장이 터졌다. 분리배출은 안드로메다에서나 하는 것처럼 막 버리는 행태라니! 외국 친구들이 가끔 환경운동을 하는 내가 유별난 건지, 한국에선 모두 나처럼 분리배출하는지 물어본다. 나는 심드렁하게 "우리는 다 이렇게 해"라며 마구 우쭐댄다.

전 국민의 알뜰살뜰 분리배출 생활화로 국내 명목 재활용률은 62퍼센트에 이른다. (2018년. 한국환경공단) 무려 세계 2위, 우리보다 잘하는 나라는 독일뿐이다. 문제는 이 수치가 분리수거율이지 실제 재활용률은 아니라는 사실. 수많은 폐기물이 앞에서 구구절절 설명한

이유로 재활용되지 못한다. 한 걸음 더 파고들어 가보자.

재활용은 크게 두 종류로 나뉜다. 하나는 다른 물질로 재활용되어 계속 순환하는 '닫힌 재활용', 또 하나는 폐기물을 태워 에너지로 재활용하는 '열린 재활용'이다. 닫힌 재활용은 물질에서 물질로 순환한다는 의미로 '물질 재활용'이라고도 한다. 2017년 국내 폐기물 발생 및 처리 현황에 따르면, 플라스틱의 물질 재활용은 약 23퍼센트이고 세계적으로도 약 20퍼센트에 불과하다.

열린 재활용은 이왕 버릴 거 에너지라도 얻자는 심산으로 태우는 방법이라 엄밀히 말해 '진짜' 재활용은 아니다. 재활용의 핵심은 버려진 물질을 새 제품의 원료로 사용해 자원을 절약하고 폐기물을 줄이는데 있다. 물질을 태워 없애면 새 플라스틱 제품을 생산할 때 또다시 화석연료나 천연 자원을 투입해야 한다.

플라스틱을 이루는 합성 폴리머를 단일 폴리머로 분해하는 열분해 방식이나, 플라즈마를 사용해 극상의 고온에서 폐플라스틱을 가솔린 같은 액체 오일로 재생하는 화학적 재활용도 있다. 화학적 재활용은 유해물질마저 분해하고 플라스틱이 만들어진 원료로 거슬러 가는 장점이 있다. 하지만 높은 기술력이 필요하고 시설 투자 및 운영비가 많이 든다. 이 돈을 누가 지불할 것인가, 폐플라스틱을 재활용해 만든 오일이 석유나 셰일가스보다 더 경쟁력이 있느냐는 현실적 문제가 남는다. 또한 큰 범주에서 열분해 역시 폐플라스틱 소각으로 볼 수 있어 고형연료 발전소나 소각장처럼 주민들 반대에 부딪힐 수도 있다.

더 무서운 사실이 있다. 현재 기술로는 용을 써서 분리수거하고 플라스틱을 싹싹 긁어 모아도 물질 재활용이 적게는 36퍼센트, 많아도 53퍼센트에 그친다는 사실이다. 아무리 '노오력' 해도 100퍼센트는 기술적으로 불가능하다. 그렇지만 볼테르의 소설 속 주인공처럼 "세상은 늘 최선으로 이뤄져 있다"고 믿는 철없는 낙천주의자가 돼보자. 까짓거, 인류는 2050년까지 플라스틱 재활용 비율을 이론상 최대치인 53퍼센트까지 끌어올릴 거고 기술은 빠르게 발전하리라.

한데 그렇게 긍정적으로 생각한다 해도 현 추세대로라면 버려지는 플라스틱이 지금보다 2배 더 늘어난다. 그러니 재활용에 기대지 말고 플라스틱 사용 자체를 줄이는, 행동하는 낙천주의자가 되자. 재활용하면 된다는 생각은 자기 합리화를 위한 정신 승리일 뿐이다.

나를 비롯한 환경활동가 대부분은 폐플라스틱 소각에 학을 덴다. 하지만 재활용이 전혀 안 되는 폐플라스틱 쓰레기를 어떻게 하냐고! 지금처럼 바다에 흘러가게 두거나 소각장이나 매립장에 처넣을 수는 없다. 공적 자원을 투입해 화학적 재활용도 하고 고형연료도 만들고, 열린 재활용이든 뭐든 하기는 해야 한다.

이게 바로 재활용이 안 되는 폐플라스틱을 산처럼 쌓아둔 우리의 모순적 현실이다. 그러므로 현재 재활용을 대하는 나의 자세는 불가능한 미션에 가깝다. 재활용이란 미봉책을 거부하는 원칙주의자인 동시에 어떤 재활용 방식이든 밀어붙이는 현실주의자가 될 것. '미션 임파서블'로 보이는 재활용을 가능하게 해보자.

Q & A로 보는 참을 수 없이 가벼운 플라스틱의 무거움

1   지구 밖에서 분명하게 보이고 식별이 가능한 인공 구조물은?

프레쉬 킬스Fresh Kills

: 프레쉬 킬스는 세계 최대의 고형 쓰레기 매립장으로 뉴욕시의 쓰레
기를 반세기 동안 매립하다 최근 중단한 곳이다.

2   바다를 떠다니는 플라스틱 양은?

1억 5,000만 톤

: 국가별 육류 소비량 1위를 차지한 중국의 한 해 고기 섭취량보다 2
배가 많다.

3   바다에 떠다니는 쓰레기 중 플라스틱 비율은?

약 90퍼센트

4   바다에 흘러 들어간 플라스틱의 양은?

매년 1,270만 톤

: 1분마다 쓰레기 트럭 한 대 분량씩 바다에 쏟아버리는 셈이다.

5   바다를 떠도는 플라스틱 중 육지에서 온 플라스틱의 비율은?

약 80퍼센트

: 양식업·수산업이 발달한 한국은 육상보다 해상에서 발생한 플라스
틱이 많으며 50~60퍼센트를 차지한다.

6   재활용되어 계속 사용되는 플라스틱의 비율은?

1.2퍼센트

7   태평양 한가운데 있다는 '쓰레기 섬'의 크기는? :

한반도의 약 7배 크기

8 내장에 플라스틱이 들어있는 바닷새의 비율은?

90퍼센트

9 플라스틱 병이 바다에 흘러가 분해되는 기간은?

약 450년

10 전체 플라스틱 공해 중 미세플라스틱이 차지하는 비율은?

15~31퍼센트로 추정★

11 한국처럼 쓰레기를 내다 버리면 지구는 몇 개가 필요할까?

3.3개

12 한국인이 단 하루 동안 비닐봉지를 사용하지 않을 때 일어나는 일은?

약 5,200만 개의 비닐봉지 절약=6,700톤의 탄소발자국 감소
=기후변화에 취약한 국가의 어린이 45명의 목숨을 구할 수 있음

13 식비 중 포장재에 쓰이는 비용은 얼마일까?

11달러에 1달러 씩 (13,000원에 1,200원씩 지출)

14 한국인이 1년 동안 사용한 일회용 종이컵에 들어간 나무는?

20년생 나무 2,300만 그루

15 폴리에스테르 잠바 하나에 페트병 몇 개가 필요할까?

15개

: 페트병으로 옷도 만든다. 마구 버려선 안 되는 소중한 자원!

3부

변화를 위한
연대의 기술

쓰레기덕질에서 활동하는 씽(닉네임)은 '누가 뭐 하자면 두 번째로 나서는 사람'으로 자기를 소개한다. 그는 쓰레기덕질의 쓰레기 관찰기에도, 일회용 컵 사용실태 모니터링에도, 플라스틱 컵 어택과 컵보증금제 캠페인에도 두 번째로 나서주었다. 덕분에 다른 누군가도 "그럼 저도 해볼까요." 하고 말을 건넬 수 있었다. 프로젝트를 자기 일로 여기는 세 명이 모이면 작당 모의가 굴러간다.

그러니 주저 말고 나서기, 가끔 임금노동보다 더 열심히 해보기, 작은 승리를 하나씩 일궈가기, 할 수 있는 만큼 차분하게 다른 사람과 속도 맞추기, 사람마다 능력과 역할이 다르다는 점 받아들이기. 이 정도 준비면 된다.

뭐라도 바꿔보려고 나선 시민들은 모두 다른 이야기를 가지고 있다. 성향도 생각도 싸우는 방식도 다 다르다. 끊임없이 물건을 만들고 취하고 버리는 자만이 이기게 되어있는 요망한 세상의 룰을 자기 성향에 맞는 방식으로 뒤집으면 된다.

물건의 일생을 추적하는 **물건 이야기** 프로젝트는 개인 성향에 따라 세상을 바꾸는 사람을 6가지 유형으로 분류한다.

1   싸움의 최전방에서 목소리 높여 외치거나 일인 시위에 나서는
     저항자 유형resister
2   점처럼 흩어진 사람들을 연결하고 참여자에게 긍정적 영향과
     영감을 주는 **네트워크 유형**networker
3   관계를 보살피고 다른 사람 감정에 귀 기울이고 간식을 준비하
     는 등 살림을 챙기는 **살림꾼 유형**nurturer

4 정보를 찾고 질문을 던지고 답을 탐구하는 **조사관 유형**
investigator

5 다양한 방법으로 이야기를 퍼뜨리고 참여를 부추기는 **전달자 유형**communicator

6 재생에너지 기술, 텃밭 만들기, 재활용 플라스틱 제품 등 직접 대안을 만들어내는 **제작자 유형**builder

---

자신이 어떤 역할에 잘 맞는지
알아보기
※ What Kind of Changemaker Are You?

다음으로는 혼자 맨몸으로 부딪히다가 '나만 잘해서 무슨 재민겨' 하며 뭉친 사람들이 시스템의 구멍을 메우는 방법을 소개한다. 혼자서 뭐라도 시작해보되 자기만의 이벤트에 그치지 않고 '우리'가 되어 조직적 물결 만들기. 그렇게 함께 저스트 두 잇!

나 홀로
덕질

플라스틱 프리 챌린지

호주에서 시작된 **플라스틱 프리 줄라이** Plastic Free July는 7월 한 달만이라도 플라스틱을 사용하지 말자고 권하는 시민 참여 캠페인이다. 시민들이 알음알음 시작했지만 지금은 전 세계 170여 개국, 수백만 명의 참가자들이 함께한다. 홈페이지(www.plasticfreejuly.org)에서 'Take the challenge'를 누르고 정보를 입력하면 된다. 한 단계씩 도전하는 재미가 쏠쏠하다. 실천 아이템과 기간을 선택할 수 있다. 플라스틱을 줄이는 깨알 정보들도 이메일로 전해준다. 국내에도 개인이 플라스틱 프리 실천을 선언하고 도움받을 수 있는 **메이데이 챌린지**(maydaychallenge.com)가 있다.

● 덕질2

SNS 활동

비닐봉지 없이 장을 보고 텀블러에 음료를 주문하고 플라스틱 없이 여행하는 모습을 SNS로 공유하면 타인이 알게 모르게 영감을 받는다. 보여주는 것만으로 사회운동을 전파하는 마법 같은 운동이랄까. 신문이나 데이터보다 친구나 지인이 이야기하는 편이 훨씬 잘 먹히는데, 이를 **동료 압박**peer pressure이라고 한다. 서로 모르는 타인도 옆 사람 행동에 크게 좌우된다. 스탠포드 대학 심리학 연구진은 주변인의 행동이 개인의 선택에 영향을 주는지 알아보기 위해 비행기 객실 안 물품 구매 패턴을 분석했다. 그 결과 옆 자리 승객이 물건을 살 때 구입 확률이 30퍼센트 가까이 올랐다고 한다. 자신의 SNS에 플라스틱 프리나 쓰레기 제로를 실천하는 모습을 올리고 소문을 내보자. 네티즌들은 **#플라스틱챌린지 #용기내 #제로웨이스트** 등 공통된 해시태그를 달아 사회적 물결을 이루기도 한다.

● 덕질3

나의 쓰레기 다이어리

쓰레기 다이어리를 쓰는 목적은 생활에서 건져 올린 증거로 변화의 지점을 찾기 위해서다. 일주일 정도 꾸준히 지속하면 무슨 쓰레기가 어떤 상황에서 발생하는지 생활 패턴을 파악할 수 있다.

다이어리 작성법

❶ 일주일 동안 플라스틱 줄이기를 실천해보고 그럼에도 버려지는 것들을 기록한다.

❷ 여행이나 휴가 등 생활에 변화가 생길 경우 평상시 다이어리와는 별개로 작성한다.

❸ 글, 사진, 그림, 스티커 등 자신이 좋아하는 방법으로 기록한다.

❹ 날마다 하기 힘들면 1주일에 한 번 모든 쓰레기를 모아놓고 다이어리를 작성한다.

❺ 동아리 클럽 온라인 모임 등에서 같이 다이어리를 쓰고 공유한다. 서로 실천을 칭찬하고 경쟁도 하면서 열심히 하게 된다. 또한 변화의 지점을 찾아내 함께 캠페인을 해볼 수도 있다.

작성 예시

- 날짜:
- 특이사항:
- 나의 점수 : 하루 플라스틱 배출 개수 :
  10개 이상(확 줄여봐) / 4-10개(좀 줄여봐) / 3개 이하(잘했어)
- 다이어리 활용법 :
  재활용 항목에서는 재활용이 어려운 제품을 파악할 수 있다. 플라스틱 제로 항목에는 개인의 실천과 제도의 변화를 나눠 생각할 수 있다. 셀프 칭찬 항목에는 사소한 노력도 깨알같이 적어 스스로 '우쭈쭈' 해준다.

배출한 플라스틱 종류	개수	재활용			플라스틱 제로			셀프 칭찬
		재활용	종량제 봉투	재활용 등급제 (최우수 우수 보통 어려움)	상 (개인의 행동에 달려 있음)	중 (가능은 하지만 꽤 힘듦)	하 (제도적 변화가 필요함)	
오렌지 쥬스 페트병	1	∨ (투명 페트병)		최우수	∨ (종이팩 주스 구입 가능)			
엄마가 보내주신 반찬 담은 비닐봉지	4		∨ (오염)	등급제 대상 아님		∨ (엄마를 10년째 설득 했으나 실패)		
감자칩 봉투	1	∨		보통			∨	
종이컵	1	∨ (종이팩만 따로 배출)		등급제 대상 아님	∨ (텀블러 사용 가능)			종이컵 한 개로 사장에서 반복해서 재사용함
세탁세제 통	1	∨		어려움			∨	
총계 및 평가								

※ ∨ : 해당 항목에 체크한 표시

시민
참여

모니터링

● 덕질4

플라스틱 파파라치

"묻지도 않고 일회용 컵 주는 매장 87퍼센트… '쓰레기 대란' 잊었나?"
2018년 7월 우리가 발표한 보도 자료의 제목이다. 쓰레기덕질 멤버들과 플라스틱 프리 강연 때 만난 몇몇, 그리고 대안학교(크리킨디 센터) 학생들이 모여 약 30명의 팀을 이뤘다. 우리는 직접 카페 매장을 방문해 일회용 컵 사용 실태를 모니터링했다. 이어서 각자 역할을 정하여 설문지를 만들고 요원(?)들을 교육하고 결과를 검증해 기업과 환경부에 전달하는 한편, 서명 웹페이지를 열어 SNS 홍보를 했다. 우리는 환경부와 일회용품 줄이기 자발적 협약을 체결한 매장 및 전국 매장 수 300개 이상인 카페와 패스트푸드 브랜드

28개를 선정해, 업체별로 3곳씩 총 84곳을 방문했다. 멤버 모두가 매장(한 곳 이상)을 방문해서 일회용 컵 사용 실태를 조사하고 증거 사진을 찍었다. 모니터링에 참여한 청소년은 물론 모든 멤버가 자기 주머니를 털어 참여했다.

그 결과, 묻지 않고 일회용 컵을 주는 곳이 87퍼센트에 이르고 조사 매장의 36.9퍼센트는 아예 다회용 컵이 없다는 사실이 드러났다. 곧이어 환경부의 단속이 강화되고 과태료를 매긴다는 소식이 들려 오자 매장 내 일회용 플라스틱 컵 사용은 눈에 띄게 줄었다.

그로부터 6개월 후, 정말 변화가 있는지 알아보기 위해 조사했던 카 페에 다시 찾아가 매장 내 일회용 컵 상황을 살펴봤더니 매장 모두 다회용 컵을 사용하고 있었다! 신이 난 우리는 기업과 환경부에 '스 페셜 땡쓰' 영상 편지를 보냈다.

안녕하세요. 일회용 컵 시민 모니터링단입니다.

저희는 지난번에 조사했던 바로! 똑같은 매장들에 가서 음료를

주문했습니다. 과연 변화했는지 직접 살펴보려고요.

결과는? (두둥!)

매장 내 다회용 컵 사용 100퍼센트! 입니다. (이거 실화냐!)

다회용 컵 세척, 파손, 도난 등 어려움에도 불구하고

이렇게 큰 변화를 만들었습니다.

저희가 조사한 모든 카페 브랜드들, 감사드립니다.

규제에 나선 환경부, 고맙습니다!

우리 모두 조금씩 달라지고 있는 거, 맞죠? :)

좀 더 바라자면,

① 빨대 음료수에 꽂아주지 마세요. ㅠㅜ

② 왜 패스트푸드점에서는 다회용 컵에 일회용 컵 뚜껑을

덮어주나요? 그러지 마용 ㅠㅜ

③ 일회용 포크·나이프 말고 '스댕'으로 주세요.

(일동 스댕 포크 흔들어)

사실 매장 내 일회용 컵 사용은 예전부터 불법이었다. 단속하지 않으니 허수아비 조항에 불과했는데 시민들의 모니터링과 정부 단속이 맞물려 변화를 일궜다. 자원재활용 법은 플라스틱 컵뿐 아니라 매장 내 수저나 포크 같은 일회용 식기도 금지한다. 하지만 일부 가게는 여전히 일회용 수저를 제공한다. 또 편의점이나 약국에서 공짜로 비닐봉지를 주는 곳이 있다. 혼자 맞서긴 쑥스럽기도 하고 공무원이 나서지 않는 한 꿈쩍하지 않는 곳도 있다. 제과점에서 비닐을

주면 혼잣말로 "이거, 법 어기는 건데" 중얼대다가도 직원이 "뭐라고요?" 반문하면 자라목처럼 움츠러들곤 한다.

여럿이 함께 할 때

뜻 맞는 사람들과 파파라치단을 꾸려 일회용품 규제를 어긴 매장을 적어보자. 기록이 모이면 이를 근거로 해당 매장에 시정을 요청하거나, 관련 지방자치단체에 해당 매장의 관리 감독을 요청할 수도 있고, 함께 보도 자료를 내거나 매장에 항의차 방문할 수도 있다.

혼자서 할 때

- 일회용품을 쓰는 매장에서 사진을 찍어 증거를 남기고, 매장이 위치한 주소지를 확인해 해당 구청 청소과에 민원을 넣는다. 청소과는 해당 매장에 사실을 확인하고 경고하는데, 이후에도 개선되지 않으면 과태료를 부과할 수 있다.
- 정부에서 운영하는 생활불편신고 앱이나 국민신문고에 민원을 넣는다. 시민들이 발로 뛰어 모은 플라스틱 파파라치 데이터가 변화를 일구는 밑바탕이 된다. 아이스크림 가게에서 공짜로 주는 일회용 스푼이, 슈퍼에서 건네는 비닐봉지가 마음에 걸린다면 단호히 파파라치 행동에 나서보자. 정부나 지자체 행사에서 일회용품을 쓸 때도 위의 방법대로 신고한다.

플라스틱 모니터링

어느 날 화장품에 든 미세플라스틱 기사를 보고 단전에서부터 빡침이 솟아올랐다. 미세플라스틱은 큰 플라스틱이 쪼개져 5mm 미만의 크기가 되거나 화장품 세제 등에 작은 알갱이 성분으로 사용된 플라스틱을 뜻한다. 하도 크기가 작아 걸러내기도 힘들고 작은 생물들이 섭취하면서 먹이사슬 전반이 오염된다. 걱정스러운 마음에 얼른 제품을 찾아보았다. (2008년부터 화장품 전성분 표시제가 시행된 덕에 화장품 성분을 쉽게 찾을 수 있다.) 대표적인 미세플라스틱 성분인 폴리에틸렌, 아크릴레이트코폴리머 등이 든 각질제거제와 스크럽 목록을 좌르륵 뽑았다. 그 다음 실제 미세플라스틱 성분이 맞는지 해당 회사에 공문을 보내 답변을 요구했다.

이 목록을 기반으로 화장품 제조 시 미세플라스틱을 금지하는 법을 개정해달라고 서명한 캠페인 덕에, 마침내 씻어내는 화장품 속 미세플라스틱 사용이 금지되었다. 하지만 여전히 색조 제품처럼 바르는 화장품에는 미세플라스틱 성분이 사용된다. 섬유유연제, 세탁 세제, 자동차 광택제 등도 마찬가지다. 이 경우 미세플라스틱으로 의심되는 성분을 모니터링해서 구체적인 자료를 확보한다. 화장품 전 성분은 **화해**(화장품을 해석하다)라는 앱에서, 일부 생활용품의 전 성분은 환경부 **초록누리**(ecolife.me.go.kr/ecolife)에서 확인할 수 있다. 목록을 뽑은 후에는 기업에 미세플라스틱 사용 여부를 확인하고 대책을 요구한다.

이외에도 옷이나 가방이 합성섬유인지 천연섬유인지 섬유 조성을 모니터링하여 비율을 알아보거나, 생활용품 중 플라스틱 비율을 따져 플라스틱 제품의 대안을 고민해 볼 수 있다. 단, 모니터링할 때는 목표를 뚜렷이 벼려 현실을 변화시킬 부분을 찾아낸다. 즉 모니터링 결과를 통해 제도를 변화시키거나 대안을 실천하는 변화로 이어져야 한다.

※ 화장품 미세플라스틱 성분 목록(206쪽 참조)

● 덕질 6

쓰레기의 주인을 찾습니다 '줍깅'

플라스틱 문제가 뜨면서 거리 곳곳에서 쓰레기를 줍는 활동이 활발해지고 있다. 한 예로 스웨덴에서 시작한 **플로깅**PLOGGING은 줍는다는 뜻인 스웨덴어 PLOCKA UPP와 조깅 JOGGING을 합한 말로, 조깅하면서 쓰레기를 줍는 운동이다. 플라스틱에 반대하는 사회운동이자 말 그대로 효과적인 '운동'이기도 하다. 30분 동안 조깅만 하는 사람은 평균 235kcal를 태우지만 같은 시간 플로깅을 하는 사람은 288kcal를 태운다.★

범위를 넓혀 잠수복을 입고 바다로 들어가 어망과 쓰레기를 수거해 오는 **프로젝트 어웨어**Project Aware, 스노클링snorkeling 장비를 입고 빨대straw를 수거하는 **스트로클러**strawkler도 있다. 국내에서는 쓰레기를 '줍다'와 '조깅'을 합해 **줍깅**이나 **줍줍**이라는 귀여운 이름으로 불린다.

쓰레기를 줍다 보면 이놈의 쓰레기가 바퀴벌레보다 번식력이 더 높은 듯싶다. 영화 〈설국열차〉에서 바퀴벌레는 단백질 바가 되어 꼬리 칸 사람을 먹여 살리지만, 플라스틱은 쌓이고 쌓여 미세플라스틱이 될 뿐이다. 도대체 언제까지 쓰레기를 주워야 할지 기약도 없다. 자연스럽게 이 쓰레기는 누구인가 어드메서 왔는가를 따지게 된다.

그래서 쓰레기를 줍되 그 정체성을 따져 묻는 **브랜드 저격**Brand **Audit**이 생겨났다. 암만 플라스틱을 주운들 사용 자체가 줄지 않는 한 말짱 도루묵이다. 누가 이 물건을 팔아 돈을 벌었는지 밝혀주마, 이렇게 기업의 멱살을 잡는 데이터를 수집해 책임을 묻는다.

브랜드 추적 방법은 수거된 플라스틱에 선명히 박힌 브랜드를 기록하는 일로 시작한다. 이렇게 기록된 정보가 한곳에 모여 장소별로 많이 발견되는 플라스틱이 무엇이고, 제일 많이 발생시킨 기업은 어디인지 밝히는 자료가 된다.

현재 세계에서 가장 많이 버려지는 플라스틱 출처는, 코카콜라·유니레버·펩시콜라·네슬레·다농 등이다. 참가자들은 SNS에 수거한 쓰레기의 브랜드가 보이는 사진과 함께 **#IsThisYours?** 라는 해시태그를 달아 기업을 소환하고 대안을 요구한다.

쓰레기 줍깅 및 쓰레기 기록지 작성법

사전에
- 쓰레기 줍기 계획을 세우고 홍보한다.

- 같은 날 같은 장소에 다른 쓰레기 줍기 행사가 열리는지 확인한다.
- 당일 비가 오거나 파도가 센지 등 일기 예보를 미리 확인하고 대책을 세운다.
- 줍깅 시 지자체 관리소 마을 자치단 소유주에게 미리 연락해 허가를 받는다.
- 수거한 쓰레기를 마지막에 어떻게 처리할지, 근처에 분리수거함과 쓰레기통이 있는지 확인한다.
- 참가자들에게 목장갑, 집게, 쓰레기 담을 봉투, 자외선차단제, 텀블러, 편한 옷과 신발 등 필요한 물품을 가져오라고 공지한다.
- 운영팀 준비물 : 유인물(줍깅 방법, 쓰레기 기록지), 문구류, 준비물 미소지자를 위한 여분의 쓰레기봉투, 집게, 구급약 등

현장에서

- 참가자에게 행사의 의미, 기록지 작성법, 안전수칙 등을 설명한다. 가장 작은 쓰레기, 가장 긴 쓰레기, 쓰레기를 가장 많이 주운 팀 등 미션을 정해 게임하듯 줍는다. (일본에서는 쓰레기 줍기 경기인 '줍깅 올림픽'이 열리기도 했다.)
- 팀별로 쓰레기를 주울 장소를 정해 구역이 겹치지 않게 배정한다.
- 처음부터 플라스틱만 줍거나, 쓰레기를 주운 후 그중 플라스틱만 따로 분리한다.
- 수거된 플라스틱의 용도(포장재, 식기류, 빨대 등)와 브랜드를 기록지에 적는다. 정확한 브랜드 및 제조사 이름을 쓰고 확인할 수 없으면 '모름'으로 기재한다.
- 마지막에는 줍깅 소감을 나눈다. 미션을 제일 잘 수행한 팀을 뽑아 칭찬하거나 작은 선물을 증정한다.
- 수거한 플라스틱 사진을 찍고 해당 브랜드를 태그해 SNS에 올

리거나, 브랜드 순위별로 기업에 대책을 요구하는 등 후속 활동을 논의한다.

쓰레기 기록지 (예시)

- 이름:
- 단체(그룹):
- 연락처:
- 기록자:
- 줍깅 장소:
- 줍깅 시간:
- 줍깅 참가자 수:
- 줍깅 분류 : 해변가 / 강 호수 근처 / 도시 공원 육지 등
- 수거한 봉투 크기:
- 수거한 봉투 개수:
- 수거한 쓰레기 중 플라스틱 비율(퍼센트):
- 줍깅 소감:

쓰레기 종류	브랜드 이름	제조사	국내/다국적 기업	제품 분류	플라스틱 재질 (재활용 삼각형 표시에 재질이 나옴)	개수	사진

- 제품 분류 : 생활용품 및 가정용 제품 (전자 폐기물, 담배꽁초, 청소 도구, 섬유 등) / 식품 포장재 (식품용기, 음료수 병, 과자봉지, 소스 통, 배달 음식 용기 등) / 개인위생용품 (비누, 샴푸, 치약, 기저귀, 생리대,

물티슈 등)

- 플라스틱 재질 : 페트PET, PVC, 폴리스티렌PS, 폴리에틸렌PE, 폴리프로필렌PP, 기타other, 비닐 필름류
- 고무줄, 담배꽁초처럼 브랜드 기록이 의미 없는 경우 기록지를 수정해 사용
- 온라인 쓰레기 기록지 (영문 사이트) :
www.breakfreefromplastic.org/brand-audit-online-form
Litterati라는 앱에 수거한 플라스틱 사진과 정보를 올리면 전 세계 데이터로 축적됨

얼마 전 한강 여의도 공원에서 아이들과 쓰레기 줍깅을 해보았다. 아이들은 자발적으로 휴대폰을 멀리하고 집중할 정도로 신나했다. 어찌나 꼼꼼히 줍고 미션에 목을 매는지 귀여워 죽는 줄 알았다. 이 날 미션은 가장 작은 쓰레기를 줍는 것! 어른들이 한차례 줍깅을 한 후라 깨끗해 보여서 걱정했는데, 아이들은 놀랍도록 작은 쓰레기를 잘 주웠다. 가장 많이 주운 쓰레기는 배달 음식을 고정하는 노란 고무줄과 담배꽁초였다. 모아놓은 꽁초가 하얀 털실 뭉텅이로, 집게로 주운 노란 고무줄이 흡사 회오리 감자처럼 보였다.

이는 세계적인 추세와 딱 들어맞는다. 매년 100여 국가에서 약 50만 명이 참여하는 해변 쓰레기 줍기를 기록한 해양보전센터Ocean Conservancy에 따르면, 바닷가에서 가장 많이 발견되는 쓰레기가 바로 담배꽁초라고 한다. 담배꽁초에는 셀룰로오스 아세테이트라는 플라스틱 필터가 들어있다.

이날 5명씩 짝지은 팀마다 1시간 동안 담배꽁초와 고무줄을 각각

200개 이상 주웠다. 다 줍고 나서는 왜 이런 쓰레기가 발생했는지 생각하며 줄일 수 있는 방안을 논의해보았다. 고무줄은 배달 음식에서 나오고 담배꽁초는 흡연자가 아무 데나 버려서 발생한다.

이날 우리는 한강 공원 내 배달 음식의 경우 일회용기 사용을 금지하는 방안과 담배꽁초 휴지통 및 거름망 설치를 논의했다. 이처럼 쓰레기를 주운 다음 기록지를 작성하고 의견을 나누면 원인과 해결책이 나온다. 줍깅을 넘어 해결책을 모색하고 책임을 따져 묻는 과정으로 나아가야 한다.

지금
여기서

대안
만들기

● 덕질 7

알맹@망원시장

플라스틱 어택 후 동네 망원시장에서 장을 보는데, 검정 봉투의 천국이었다. 급한 마음에 서둘러 장바구니 대여 프로젝트를 시작했다. 그런데 막상 대여할 모델을 찾아보니 안타깝게도 플라스틱만큼 '신박'한 소재가 없었다. 합성수지로 만든 장바구니는 가볍고 세척이 쉽고 방수도 되며 무엇보다 대량으로 뿌려도 될 만큼 단가가 싸다. 광목이나 마 같은 천연 소재는 이런 장점들을 동시에 만족시키지 못한다.

우린 대여용 장바구니를 새로 사는 대신 시민들에게서 안 쓰는 에코백을 기증받았다. 그렇게 해서 모은 가방 1,500개를 시장에 비치

했다. 지금도 장바구니를 기증받는 공유 박스가 망원시장 카페M에
놓여있다. 누구나 기증할 수 있고 알맹 협약 가게에서 장바구니를
빌릴 수 있다.

어찌 알고 전국에서 잠자고 있는 에코백과 종이 쇼핑백을 택배로
부쳐준다. 가끔 택배 상자 안에 따뜻한 손 편지가 있어 우리를 뭉클
하게 한다. 이처럼 기부해주는 사람들 덕에 장바구니가 부족하지
않다.

이렇게 모인 장바구니에 우리는 '대여 중' 마크를 브랜드처럼 박아
망원시장 가게 19곳에 공급한다. 빌려 쓴 장바구니를 반납하면 망
원시장 및 마포 공동체 가게 200여 곳에서 현금처럼 사용하는 지역
화폐 200모아를 지급한다. 200모아는 현금 200원이다. 장바구니
와 용기를 가져와 플라스틱 사용을 줄인 친환경 소비자에게도 칭찬
하는 의미로 100모아를 준다.

솔직히 속 비닐 까달라는 제안을 세 번쯤 거절당했을 땐 망원시장이
꼴도 보기 싫었다. 도무지 이해가 안 갔다. 비닐 값 들지 따로 싸는 데

시간과 품 들지, 친환경 유기농 매장 '에코생협'은 한 달간 속 비닐을 까고 낱개로 채소를 팔자 오히려 판매율이 뛰었다는데! 도대체 왜 꼭 비닐에 싸는 거냐고요. 속으로 원망도 해봤다. 상처받은 마음에 절대 여기서 돈 안 쓴다고 코딱지보다 적은 돈으로 갑질(나만 아는)도 했다. 그런 시간을 지나 언젠가 알맹이만 파는 해외 농부시장처럼 변신할 망원시장을 꿈꾸며 알짜들은 오늘도 장바구니를 가게로 나른다.

● 덕질8

소분 리필샵
DIO^{Do It Ourselves} 워크숍

나는 주로 화장품과 생활용품을 직접 만들어 사용하므로 대용량 재료를 구입한다. 만든 다음 재사용 용기에 덜어 쓰기 때문에 용기나 포장재 쓰레기가 적게 나온다. 직접 만들어 쓰는 건 괜찮지만 허가 없이 판매하면 불법이다. 원하는 사람들은 함께 모여 자기가 사용할 제품을 만들어 보자. 화장품이든 세제든 포장재 없이 뚝딱 만드는 즐거움이란 해본 사람만 안다.
2019년 봄 우리는 친환경 인증을 받은 대용량 세제를 구입해 도시 농부장터 마르쉐@에서 국내 최초로 세제 리필샵을 열었다. 2시간 만에 세제가 동났다. 놀라운 일은 손님 중 90퍼센트가 용기를 들고 왔다는 사실. 이후 알맹@망원시장의 비공식 서식지 카페M 한구석에 세제를 리필해가는 샵앤샵을 열었다. (화장품은 맞춤화장품제조사 자격증이 있어야만 리필샵을 운영할 수 있어 제외)

리필샵에서는 친환경 인증 대용량 액체 세제를 비롯해 구연산, 세스퀴소다 등 가루 세제를 원하는 만큼 구입할 수 있다. 용기는 가져오거나 매장에 비치된 재활용 용기를 활용한다. 페트병을 펌프 또는 분무기 방식으로 바꾸어 쉽게 세제 통으로 변신시킬 수도 있다.

세제 리필샵 이용법

❶ 용기를 저울에 올린다.
❷ 저울의 영점을 누르면 용기 무게가 '0'이 된다.
❸ 선택한 세제를 원하는 만큼 담아 무게를 잰다.
❹ 저울에 표시된 무게를 비치된 메모지에 적어 카운터에 가져간다.
❺ 계산한다.

세제 리필샵에는 브랜드, 제조사와 알맹 연락처, 성분과 사용법을 담은 안내지가 있다. 또 **알맹상점 홈페이지**(almang.net)에서도 언제든지 세제 정보를 찾아볼 수 있다. 직접 무게를 재고 물건을 담는 경험을 하므로 아이들이 특히 좋아한다. 엘리베이터 층수를 누르겠다고 나서듯 직접 리필하겠다며 난리다.

한 평에서 시작한 무인 세제 리필샵의 경험을 바탕으로 2020년 알맹@망원시장의 '알짜' 중 세 사람이 모여 리필스테이션 '알맹상점'을 열었다. 껍데기 없이 구하기 힘든 화장품과 세제 등을 리필하고 천연·재활용 제품을 판매한다. 직접 만들어 쓰는 다양한 플라스틱 프리 워크숍과 자원순환 강의도 열린다. 이 꿈을 위해 맞춤형화장품조제관리사라는 국가 자격증을 따며 나는 머리가 세었다나 뭐라나.

※리필샵 운영 안내

pfree.me > 주제별 보기 > '세제소분숍'에서 안내서 다운로드

· 문의 : 알맹상점 almangmarket@gmail.com

● 덕질9

우리 동네 플라스틱 프리 지도 만들기

일회용품을 안 쓰는 배달 음식점? 동네 카페 중 텀블러 할인이 되는 곳은? 제로 웨이스트 샵이나 벌크 샵은 어디에 있지? 재활용 중고 가게 여기가 좋은데… 이런 생각이 든다면 온라인에서 지도를 만들어 보자.

구글맵으로 자신만의 지도 만들기가 가능하다. 2018년 여성환경연대는 일회용 빨대와 컵을 쓰지 않는 카페를 지도에 표시한 **플라스틱없다방**을 내놓았다. 그런가 하면 2019년 그린피스는 일회용품 없는 가게와 전통시장을 표시한 **플라스틱없을지도**를 공개했다. (카카오맵의 '테마 지도'에서 쉽게 확인할 수 있다.)

누구나 온라인 지도에 관련 정보를 올리고 수정할 수 있다. 그 덕에 시작은 미약해도 나중엔 심히 창대한 정보를 공유할 수 있다. 바로 쓰레기 덕후들의 집단지성으로 빚어낸 빅데이터 지도의 탄생이랄까. 특히 동네 사람들끼리 뭉치면 구체적이고 꼼꼼한 지도가 나올 가능성이 높고 지속적으로 업데이트하기도 쉽다.

해외에선 제로 웨이스트 샵의 위치를 알려주는 **zero waste** 앱이 있

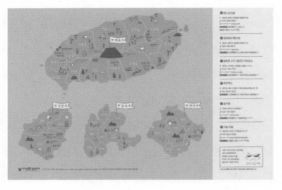

고, 벌크 샵의 위치가 나오는 **bulk finder**라는 웹사이트가 있다. 주로 북미와 유럽 정보가 실려 있다. 국내 제로 웨이스트 가게와 디저트 가게, 세제 리필샵 지도는 213쪽에 있다.

받은 옷걸이를 재사용하는 동네 세탁소 지도도 만들고 싶고, 아이스팩을 기부받아 재사용하는 가게 지도도 만들고 싶고, 텀블러 할인 동네 카페 지도도 만들고 싶고, 알맹이만 까놓고 파는 노점들 지도도 만들고 싶다. 같이 하실래요?

직접
행동

● **덕질 10**

플라스틱 어택Plastic Attack

플라스틱 어택은 2018년 3월 영국에서 처음 시작된 플라스틱 포장재 반대 캠페인이다. 돈 내고 쓰레기까지 사고 싶진 않으니 제발 포장 좀 줄이라고 요구하는 시민 직접 행동이다.

이 운동은 SNS를 통해 빠르게 확산되었고, 독일·프랑스·네덜란드·벨기에·이탈리아·스페인·포르투갈·대만·홍콩 등에서 진행되고 있다. **플라스틱 어택 글로벌 페이스북**(www.facebook.com/PlasticAttackGlobal)에서 세계 각국의 플라스틱 어택 일정을 확인할 수 있다.

나도 마트에 쳐들어갈 계획을 세우고 온라인커뮤니티에 "장 볼 때마다 나오는 수많은 포장지와 일회용품에 반대하는 사람"이란 글을 올려 참가자를 모았다. 2018년 7월 3일 '세계 비닐봉지 없는 날'을 앞두고 거센 비에도 40여 명이 참여했다. 이들은 유유히 대형마트에서 장을 본 후 포장을 까고 알맹이만 챙겼다.

할로윈도 아닌데 플라스틱 병뚜껑 목걸이를 하고, 검정 비닐 수염을 붙이고, 비닐봉지 코스튬플레이를 한 신인류의 등장이었다. 마트 직원에게 쫓겨나도 방긋방긋 웃음 짓던 이런 사람들이 어디 숨어있었는지 모르겠다.

실제로 플라스틱 어택을 해보면 한숨이 푹푹 나온다. 약 40명이 한 시간 동안 쇼핑하자 카트 5대를 가득 채운 포장재가 남았다. 플라스틱 어택 참가자들은 개인이 암만 노력해도 제조·생산단계에서 포장을 줄이거나 유통업체가 변하지 않으면 답이 없다는 무언의 시위를 쇼핑으로 보여주었다. 그 결과 2021년부터 3개 이하의 포장된 제품을 미리 포장해놓은 묶음 포장과 식품에 유해한 PVC 포장재 사용이 금지되었다.

● 덕질 11

플라스틱 어택의 자식들: #컵어택 #빨대어택 #스팸어택 그리고 당신의 어택

2019년 늦봄 우리는 플라스틱 어택 활동으로 테이크아웃 컵에 집중했다. 매장 내 일회용 컵은 잡았으니 이제 테이크아웃 컵 차례였다. 쓰레기덕질에서 의기투합한 멤버들이 모여 컵보증금제 서명 웹페이지를 만들고 콘텐츠를 작성하고 행사를 기획했다.

컵보증금제는 환경부 여론조사 결과 응답자 85퍼센트가 찬성했지만 국회의 반대로 시행되지 않고 있다. 이에 울분을 느낀 우리는 버려진 테이크아웃 컵을 주워 매장에 되돌려주는 플라스틱 컵 어택을 기획했다. 이 활동은 거리를 깨끗이 치우고 기업에 책임을 묻는 동시에 일회용 컵보증금제를 요구하는 '일타삼피' 효과를 노린 캠페인이다.

음료 페트병에는 재활용 분담금이 붙어있다. 이에 반해 테이크아웃 컵은 재활용 분담금이 없다. 게다가 이물질이 남아있고 빨대에 컵

홀더까지 꽂혀있어 재활용이 어렵다. 우리는 홍대 거리에서 약 1시간 동안 1,000여 개의 컵과 그보다 많은 플라스틱 빨대를 수거했다. 포대 자루 하나가 빨대로 꽉 찼다. 행사에 참여한 어느 초등학교 교사는 "멋지고 의미 깊은 캠페인 덕에 참으로 행복했다"는 메일을 주었다. 우리야말로 행복해졌다. 이후 몇 차례 컵 어택을 열어 3,000여 명의 컵 보증금제 서명을 들고 국회를 방문했고, 우리가 주운 일회용 컵에 꽃을 심어 환경노동위원회 의원들에게 손편지와 함께 전달했다. 마침내 2020년 일회용 컵 보증금제 법안이 통과되어 2022년부터 시행될 예정이다.

현재 플라스틱 어택은 다양한 모임에서 구체적인 대상을 정해 작은 승리를 만들어내고 있다. 음료에 붙은 빨대를 버리지 않게 해달라는 **#빨대어택** 스팸에 달린 뚜껑을 없애달라는 **#스팸어택** 유럽과 미국처럼 다 쓴 필터를 재활용하도록 국내에도 회수 프로그램을 마련하라는 **#브리타어택** 등이 있다. 당신이 바꾸고 싶은 플라스틱 껍데기는 무엇인가요?

'플라스틱 컵 어택' 행동 매뉴얼(예시)

흐름

일회용 컵 줍기⇒브랜드에 따라 분류⇒매장에 반납⇒일회용 컵 보증금제 촉구 서명

① 프로그램 시간과 활동 소개

② 참가자 알림

모든 활동 과정은 각자 원하는 만큼 참여하실 수 있습니다. (무리하지 마세요!)

단, 함께 하는 행동이니 아래 내용을 잘 읽고 참여해주세요!

우리 캠페인을 더 많은 사람들에게 알리기 위해 자체 촬영과 언론사 취재가 있을 예정입니다.

사진 촬영을 피하고 싶으실 경우, 접수 데스크에 마련된 '촬영 금지' 스티커를 부착해주세요.

실외에서는 팀의 크루, 팀원들과 함께 이동하고 행동해주세요.

활동 과정에서 궁금하신 점은 크루에게 물어보거나, 다음 연락처로 전화 주세요. (크루 연락처 : 000)

③ 액션!

1단계. 컵줍깅 (컵 모으기)

- 장갑, 집게, 봉투, 피켓 등 필요한 장비를 챙깁니다.
- 맡은 구역을 팀 멤버들과 함께 다니면서 컵을 줍습니다.

(컵줍깅 구역 예시 : http://bit.ly/컵줍깅맵)

- 이런 역할이 필요해요. 돌아가며 함께 해보아요! (5명씩 1팀)
  - 크루 : 컵줍깅 가이드, 사진 촬영, 시간 체크
  - 피켓러 : 우리 캠페인의 피켓을 멋지게 드는 사람
  - 수집가 : 일회용 컵 담은 봉투를 든든하게 운반하는 사람
  - 모두 : 숨어있는 일회용 컵을 찾아 줍기
- 컵에 담긴 음료는 주변 하수도에 버리고 빨대나 컵 홀더 같은 부자재도 함께 줍습니다.
- "뭐하고 있는 거냐"는 질문을 받으면 "컵 재활용률을 높이기 위해 길거리에 버려진 컵을 주워서 매장에 갖다주는 활동을 해요"라고 대답해주세요.
- 중간에 벤치나 공원에 앉아 쉬면서 다과나 음료를 드세요.
- 활동 중 안전에 특별히 유의해주세요. (더위, 차량, 자전거, 행인 등)

2단계. 브랜드 저격

- 일회용 컵을 반납할 준비를 합니다.
- 기록지에 정확한 브랜드 이름을 씁니다. 프랜차이즈 브랜드가 아닐 경우 '모름'으로 적습니다. 작성 완료한 기록지를 제출합니다.
- 대망의 1위 브랜드 매장을 발표합니다.

3단계. 플라스틱 컵 어택 (반납하기)

- 1위 브랜드 매장으로 아래 물품을 챙겨서 갑니다.
  (어느 매장으로 갈지 안내)
- 준비물 : 1위 브랜드 컵, 수거한 일회용 컵, 피켓
- 매장 앞에 우리가 수거한 일회용 컵을 쌓거나 쏟아놓고 기념사진 촬영을 합니다. 피켓을 들고 우리의 요구 사안을 알립니다. 집회 신고가 되지 않는 플래시몹입니다. 5~10분 안에 재빨리 퍼포먼스와 구호, 촬영을 한 후 치고 빠집니다.
- 이후 다시 일회용 컵을 수거해 한 팀씩 자연스럽게 매장에 들어가

반납 데스크에 컵을 반납하고 나옵니다.
- 매장 직원에게서 질문을 받으면 아래와 같이 답변해주세요. 항의하거나 길게 주장하실 필요는 없습니다.
  "일회용 컵이 매장 밖으로 나가면 재활용률이 떨어진다고 해서요. 컵 재활용해주세요. (방긋)"
④ 촉구 서명 & 알리기
마지막으로 컵보증금제 촉구 서명을 합니다. ⇒ bit.ly/컵보증금제
오늘 찍은 사진, 소감을 SNS에 '#플라스틱컵어택 #쓰덕' 해시태그와 함께 올려주세요.

컵줍깅만 할 때 처리 방법

- 새활용플라자 : 사전 문의 후 컵을 세척해 서울새활용플라자 소재은행에 가져다준다.
- 스타벅스 : 버려진 테이크아웃 컵 10개를 가져가면 주문 시 300원을 할인해준다.
- 업사이클링 : 참가자들과 함께 플라스틱 컵을 활용한 업사이클링을 진행한다.
- 재활용 배출 : 컵에 담긴 음료를 버리고 빨대나 컵 홀더와 분리한 후 투명 봉투에 담아 분리배출한다.

● 덕질12

마음을 전하는 수공예 활동,
크래프티비즘craftivism

크래프티비즘은 수공예craft와 행동activism
을 합친 단어로 대상을 설득하기 위해 수공예품을 보내는 활동이

다. 때론 항의나 불만이 가득한 편지보다 작고 귀여운 물건이 진심을 전하기 쉽다. 가령 영국에서는 노동자들의 해고를 결정한 기업의 임원과 주주들에게 메시지를 수놓은 손수건을 전달해 막은 사례가 있다. 플라스틱 컵 어택을 하면서 우리도 수거한 일회용 컵에 예쁜 식물을 심고 손 편지를 써볼까 하는 계획을 세웠다. 버려진 컵을 국회의원실 앞에 쌓아두는 시위도 의미가 있지만 직접 만든 컵 화분으로 면담을 요청하면 아무래도 호의를 얻기 쉽다. 개발 반대 운동의 경우 개발 예정지 나무에 예쁜 손뜨개를 매달아 절로 눈이 가는 크래프트비즘을 하기도 한다.

● 덕질 13
마이크로 시위(편지 쓰기)

미세플라스틱micro-plastic만 미세micro하란 법 있나. 우리의 시위도 '미세'하게 작아진다. 이런 활동은 내향적인 사람도, 바쁜 사람도 참여하기 쉽다.

나는 평소 생협에서 두유를 사곤 하는데 시중 우유처럼 대용량 포장이 없어서 아쉬웠다. (커다란 비닐에 160㎖ 5봉지가 담겨있다.) 두유를 마시면 총 6장의 쓰레기가 발생하는 소분 포장이 늘 불만이었다. 어느 날 내 마음에 빙의한 실천러 한 분이 두유 포장재를 씻어 고스란히 생협 본부에 되돌려 보냈다. "포장이 적게 나오는 대용량 두유는 왜 안 나올까요?"라는 손 편지와 함께. 그는 "많은 조합원들이 '불편해도 괜찮아'를 외치고 있기에 같이 해법을 찾아가면 좋겠다"

는 따뜻한 메시지를 함께 전했다. 또 자신의 SNS에도 이를 알려 나처럼 생각만 하던 사람에게 혼자 하는 작은 시위를 보여주었다.

『나는 쓰레기 없이 산다』의 저자 비 존슨은 플라스틱 제품을 돌려보내 대안을 촉구하는 행위를 **행동적 쓰레기 버리기**라고 한다. 그는 코팅 명함 대신 종이를 제안하며 보험회사에 명함을, 종이 포장재를 제안하며 화장품 회사에 플라스틱 통을, 코르크 마개를 제안하며 와인 제조사에 플라스틱 마개를 돌려보낸다. 기업이 움찔하는 대상은 바로 소비자다. 소비자 요청은 생각보다 힘이 세다. 화장품 미세 플라스틱 캠페인 때 단체 이름으로 공문을 보냈더니 반응이 없던 회사도 같은 내용을 소비자 이름으로 홈페이지에 남기자 응답했다.

이처럼 구매한 물건의 포장재를 기업에 돌려보내며 대안을 촉구하는 행동을 **마이크로 시위**(작은 시위)라고 한다. 카톡 채팅방 **쓰레기 없는 세상을 꿈꾸는 방**이나 네이버 카페 **제로웨이스트 홈** 등에는 소소하고 훈훈한 마이크로 시위 이야기가 가득하다. 화장품 원료 업체가 완충재를 사용하지 말라는 요청을 받아들인 미담이며 배달 앱에 일회용 식기와 물티슈를 거절하는 선택 칸을 요구한 일 등등 깨알같이 성실하고 갸륵하다.

효과적인 마이크로 시위 방법
- 형식은 짧고 간결하게, 표현은 예의 바르게, 오타나 과장 없이 정확하게, 자신의 경험에서 우러난 일인칭 시점으로, 내용은 희망적으로 쓴다.
- 해결책을 제시하고 다른 기업이나 해외의 좋은 사례를 덧붙인다. 긴 참고 자료는 따로 첨부한다.

- 이 변화가 장기적으로 기업에 좋은 영향을 끼친다고 '뿜뿜질'한다. 정말이지 플라스틱 프리를 위해 정상회담에 버금가는 외교술이라도 익혀야 할 판이다.

아래는 쓰레기 없는 세상을 꿈꾸는 방에 올라온 사례다.

안녕하세요. 00 휘슬 제품을 구매해서 너무너무 잘 쓰고 있는 고객입니다.
요즘 저는 플라스틱 및 비닐 프리로 살아가고 있습니다.
고양이 용품 또한 비닐 포장이 없는 제품을 선택하고 싶습니다.
지난번에 사용하였을 때 너무 좋아 재구매 의사가 있음에도 불구하고 비닐에 싸여있어 너무 많은 고민이 됩니다:
혹시 귀사에서 휘슬 모래를 더 업그레이드하기 위해서
회의를 하신다면 박스 포장을 한번 의논해보는 것도 좋을 것 같습니다.
좋은 제품 언제나 감사드립니다.
추가. 000(편지에서는 이름을 구체적으로 밝힘)라는 업체에서 비닐 없이 박스 포장으로만 나오는 제품이 있습니다. 하지만 역시 본사의 휘슬 제품과 질적으로 많이 차이 납니다.^^

결과는?
"고양이를 키우는데 항상 모래가 플라스틱 통이나 비닐에 담겨왔어요. 그래서 저렇게 편지 썼더니 종이 박스로 바뀌었어요. 심지어 마감 부분도 마끈으로 사용하셨어요!"

서명
및

법적
소송

● 덕질 14

소원이 이루어지는 청원 운동

　　'청원'은 변화를 도모하기 위해 많은 사람
들의 서명을 모으는 고전적인 방법이다. 중앙정부와 지방자치단체
혹은 기업이 대상이 될 수 있다. 일회용 빨대 사용 금지에 대한 서울
시민의 의견을 묻고 정책에 반영하는 **민주주의 서울**의 시도, 세상
을 바꾸는 시민들의 일상 정치 플랫폼 **캠페인즈**의 **일회용 컵보증
금제 청원**, 새 세탁기에 의무적으로 필터를 달아 미세섬유를 막자
는 **청와대 국민청원** 등이 진행된 바 있다. 비록 해결하지 못해도 청
원을 통해 문제를 알리고 목소리를 모을 수 있다. 청원이 실패하면
시차를 두고 재청원할 수도 있다. 향기 캡슐 세제의 미세플라스틱

사용 금지, 영화관 경기장 등에서 일회용품 사용 금지 등 플라스틱 프리 이슈가 차고 넘친다.

대표적인 청원 사이트

- 서울시 청원사이트 '민주주의 서울' : democracy.seoul.go.kr
- 아바즈 : secure.avaaz.org/page/kr
- 캠페인즈 : campaigns.kr
- 국회 톡톡 : toktok.parti.xyz
- 국민동의청원 – 대한민국국회 : petitions.assembly.go.kr

● 덕질 15

소송 및 주민투표

소송과 주민투표 같은 법적인 절차는 시민이 나서서 정책을 바꾸는 만렙급 공공 참여 방법이다. 시민소송은 공익을 위해 시민이 직접 소송을 제기하는 경우다. 예를 들면 공해물질 배출기준 위반 등 위법 사실을 발견하거나 행정 관료가 환경법상 의무를 이행하지 않을 때 활용할 수 있다. 주민투표는 주민에게 과도한 부담을 주거나 중대한 영향을 미치는 사항에 대하여 선거권이 있는 주민 전체의 의사를 묻는 투표를 말한다. 주민이 직접 투표를 청구할 수 있다.

해외에서 플라스틱 프리와 관련한 법적 대응은 호주 뉴사우스웨일스의 마을 사례가 대표적이다. 생수 제조업체가 마을에 들어오는

데 반대하는 주민 소송 과정에서 한 주민이 생수 제품 자체를 금하자는 의견을 냈다. 이 아이디어는 투표에서 주민들의 압도적인 지지를 받아 통과되어, 2009년 생수 판매를 금지한 세계 최초의 마을이 되었다. 한 대학이 금지한 적은 있지만 마을 전체가 법적으로 정한 사례는 한 번도 없었다. 이곳 가게들은 생수 대신 재사용 물병을 판매하거나 식수만 공급한다.

소송과 주민투표 등의 법적 절차는 개인이 감당하기엔 '너무 먼 당신'이지만, 함께 모여 시민 소송단을 만들고 시민단체와 공익 변호인단의 도움을 받으면 강력한 사회적 변화를 일굴 수 있다. 2016년 그린피스가 559명의 국민 소송단을 꾸려 신고리 5, 6호기 핵발전소 건설 허가 취소 소송을 제기한 경우가 좋은 예다. 2019년, 법원은 신고리 발전소에 일부 위법성이 있다고 판결하였다.

플라스틱 프리 활동하기 좋은 날

- 3월 3일 ·······················▶ 세계 야생동물의 날
- 3월 22일 ·····················▶ 물의 날
- 4월 22일 ·····················▶ 지구의 날
- 5월 22일 ·····················▶ 세계 생물종 다양성 보존의 날
- 6월 5일 ······················▶ 세계 환경의 날
- 6월 8일 ······················▶ 세계 해양의 날
- 7월 3일 ······················▶ 세계 비닐봉지 안 쓰는 날
- 9월 6일 ······················▶ 자원순환의 날
- 9월 셋째 주 토요일 ····▶ 국제 연안정화의 날
- 10월 셋째 주 토요일 ··▶ 국제 수리의 날
- 11월 6일 ·····················▶ 세계 리필 데이
- 11월 마지막 주 금요일 ····▶ 아무것도 사지 않는 날
- 12월 3일 ·····················▶ 소비자의 날
- 12월 25일 ···················▶ 그린 크리스마스

언론매체에 활동 알리기

플라스틱 프리 활동을 널리 알리기 위해 언론에 취재 협조를 구한다. 이 때 취재 요청서나 보도 자료를 작성해 배포한다. 기자 명단은 최근 1~2년 내 관련 기사를 작성한 기자 이메일을 수집해 마련한다. 아는 시민단체나 관련 공무원을 통해 환경부나 지자체 출입기자 목록을 입수하는 것도 좋은 방법이다.

취재요청서나 보도 자료는 2~3일 전에 보내고 보도를 요청한 행사는 대개 오후 1시 전에 진행해야 다음 날 기사 마감에 걸리지 않는다.

보도자료 작성법

보도 자료 제목은 강렬하고 명료하게 뽑고 본문은 소제목을 달아 한눈에 볼 수 있게 작성한다. 특히 본문에서 주요 논점을 명확히 짚고 활동 내용과 주장을 짧게 전달한다. 전체 1~2장 이내로 작성하고 긴 자료는 링크 등으로 따로 첨부한다.

'누구는 이렇게 말했다'는 식으로 참여하는 사람이나 명망가의 인터뷰가 생생하게 들어가도 좋다. 관련 사진이나 이미지가 있다면 반드시 포함해 작성한다. 또한 보내는 사람의 소속과 직책, 연락처를 찾기 쉽게 배치한다. 여력이 된다면 보도 자료를 보낸 후 관심을 보일만한 매체나 기자에게 전화로 협조를 구한다. 행사에 직접 취재 나오거나 기사를 써준 기자의 목록을 따로 마련해 다음 행사 때 연락해도 좋다.

- 제목 : 강렬하고 간략하게 중심 활동 포함해 작성
- 본문 : 누가 뭘 하는지 맨 앞줄에 한 문장으로 제시, 이후 간략한 배경 제시, 소제목을 달고 중요한 부분과 수치는 다른 색이나 굵은 표시로 강조, 참가자 인터뷰 및 대안 사례 포함
- 별첨 : 활동 모습 등 관련 이미지, 보고서와 문헌 등 링크
- 마지막 : 연락 받을 사람의 소속과 직책, 연락처 제시

4부

먹고 입고 자는
모든 순간의
플라스틱 프리

슬기로운
의생활 :

옷들의
순환

나의 힐링 타임은 미용실에서 패션 잡지를 보며 멍을 때리는 순간이다. 그런데 언젠가부터 패션지에 환경 문제를 다룬 기사가 등장하기 시작했다. 채식 맛집을 소개하고 스몰웨딩 화보를 선보이는 수준이 아니다. 세계적인 패션지에서 플라스틱 프리 이야기가 나오고 '비건 vegan 패션'을 심도 있게 다룬다.

아니 이럴 수가. 내 윗세대만 해도 곗돈 타서 모피를 사 입고 동창회 가는 게 로망이었단 말이다. 그런데 분위기가 달라졌다. 중년에 접어든 친구들은 모피를 입고 나타나 "우리 엄마가 준 거야. 내가 산 거 아니라니까"라며 변명을 주저리주저리 늘어놓는다.

충분히 부끄러워해도 된다. 세계적으로 연간 5천만 마리에 가까운 동물이 모피 재료로 도살당한다. 여우털 코트 한 벌에 11~45마리, 토끼털 코트에 30마리, 밍크코트에 55~200마리의 사체가 필요하다. 이들은 산 채로 가죽이 벗겨지는 등 차마 말로 표현하기 힘든 고통을 당한다. 어미 양을 도살하고 배 속에 든 새끼의 피부를 벗겨내는 칼라쿨Karakul 모피 앞에서 "동물에게 있어서 모든 인간은 나치다"를 반박할 어떤 변명도 찾을 수 없다. 그리하여 모피에 반대하는 모델들의 나체 시위는 패션계의 고전이 되었다.

플라스틱 이야기를 하다 갑자기 모피가 튀어나온 이유는, 최근 들어 싸구려 짝퉁 취급을 받던 인조 모피가 새롭게 재탄생하고 있기 때문이다. 인조나 가짜란 단어를 떼고 비건 패션이나 에코 퍼eco fur 혹은 하이 포 퍼high faux fur처럼 왠지 있어 보이는 용어로 불린다.

비건은 고기와 생선은 물론 우유나 달걀도 먹지 않는 가장 엄격한 채식주의자를 일컫는다. 채식주의자인 유명한 디자이너 스텔라 매카트니가 비건 패션을 선보이고, 진짜 같은 인조 모피 브랜드 쉬림스Shrimps에 패셔니스타들이 몰려든다. 그러니까 패션계는 어떤 이들에겐 고루하게 들릴 정치적 올바름을 멋진 스웨그 스타일로 승화시켰다.

그런데 이를 어쩌나. 플라스틱 인공섬유가 진짜 털보다 더 진짜처럼 휘날리는 이 시대의 뒤안길에는 쓰레기가 쌓여만 간다. 미 환경청 자료에 따르면 1960년부터 2015년까지 섬유 폐기물은 811퍼센트 증가했고, 그중 약 66퍼센트는 매립되었다. 옷과 신발 등 패션 분야를 플라스틱이 점령하면서 버려지는 플라스틱은 무려 8,746퍼센트나 증가했다.★

패스트 패션fast fashion의 이면
플라스틱

나도 영화 <캐롤Carol>에서 케이트 블란쳇이 입은 멋들어진 모피에 '뻴' 받아 푸들처럼 갈색 털이 곱실거리는 인조털 코트를 장만하고 말았다. 그런데 세탁하려고 빡빡 비누칠하다 깨달았다. 이건 동물에서 나온 천연 소재가 아니라 인간이 화석연료에서 뽑아낸 합성섬유고, 진짜 모피와 달리 세탁기에 막 돌려 빨 수 있다는 사실.

1939년 석탄에서 뽑은 탄산과 석유에서 뽑은 아디프산을 원료로 세계 최초의 합성섬유 '나일론'이 등장했다. 나일론은 '거미줄보다 가늘고 강철보다 질긴 기적의 실'로 칭송받으며 스타킹으로 개발됐는데, 발매 후 불과 몇 시간 만에 400만 켤레가 팔릴 만큼 인기를 끌었다.

섬유는 크게 3종류로 나뉜다. 첫째, 면과 마 등 식물성 섬유와 실크와 모피 등 동물성 섬유를 포함하는 천연섬유. 둘째, 폴리에스테르·나일론·아크릴·스판덱스 등 화석연료를 가공해 만든 합성섬유. 셋째, 식물 펄프나 목화 부산물을 이용해 만든 레이온이나 모달 등의 재생섬유. 불과 수십 년 전만 해도 천연섬유가 대세였으나 이제는 합성섬유가 그를 압도한다. 국내 섬유 산업에서 2005년 56퍼센트였던 합성섬유 비중은 2017년 71퍼센트로 상승했다.★

국제 플라스틱 반대 네트워크 '플라스틱수프재단Plastic Soup Found-ation'에 따르면 합성섬유 혹은 합성과 천연섬유가 섞인 혼방 원단이 전체 의복의 63퍼센트를 차지한다. 우리 몸의 70퍼센트는 물로 이뤄졌지만, 옷·신발·가방 등 몸에 걸친 70퍼센트는 석유화학에서 뽑아낸 플라스틱이다. 어디 그뿐인가. 2018년 영국의 '껌드롭 GumDrop'이란 회사는 버려진 껌을 수거해 스니커즈 밑창으로 재활용한 운동화를 내놓았다. 놀랍게도 우리가 씹는 껌도 플라스틱이기 때문이다. 대다수의 껌은 초산비닐수지라는 합성수지이며 천연 치클 껌은 찾기 힘들다.

당장 옷에 붙어있는 라벨을 들여다보자. 스타킹, 요가 팬츠, 스웨터 심지어 내복과 팬티까지 얼마나 많은 옷들이 합성섬유인지 모른다. 오가닉 코튼이래서 샀는데 라벨을 들여다보니 면과 합성섬유 혼방인 경우도 있다. 극세사 이불이나 초극세사 행주 등 기능성 제품도 죄다 합성섬유다. 극세사는 '매우 가는 실'이란 말인데 머리카락의 1/100이나 면사의 1/30 이하 굵기의 원사를 뜻한다. 자연의 힘으로는 도저히 따라갈 수 없는 만렙의 가늘기다.

합성섬유에는 3가지 문제가 있다. 첫째는 유해성, 둘째는 과도한 생산과 폐기물 발생, 셋째는 미세플라스틱이다. 화석연료에서 뽑아낸 합성섬유도 플라스틱에 속하므로 유해성으로부터 자유롭지 않다. 게다가 통풍과 흡수 기능이 떨어져 정전기가 자주 발생하고 피부 문제와 알레르기를 일으키기도 한다.

상아 대신 플라스틱 당구공이 개발되자 귀족 스포츠였던 당구가 대중화된 것처럼, 값비싼 모피나 캐시미어와 달리 합성섬유 옷은 누구나 살 수 있다. 천연섬유보다 훨씬 싸고 관리하기 편하니 생산과 소비가 급격히 증가했다. 플라스틱의 미친 효율성이 대량생산과 대량

소비를 가능케 한다.

독일 그린피스 보고서에 따르면 사람들은 2000년대 초반에 비해 현재 60퍼센트 이상 많은 의류를 구매한다. 옷을 소유하는 기간도 절반으로 줄었다. 그 결과 버려지는 의류 폐기물은 걷잡을 수 없이 늘어났다. 만약 합성섬유가 없었다면 지금처럼 옷을 쉽게 내다 버리진 못했을 것이다.

특히 '쇼핑하라, 마치 옷장이 텅 빈 것처럼'을 전파하는 패스트 패션은 최신 트렌드에 맞춰 눈 돌아가는 속도로 옷을 유통하고 폐기한다. 우리는 더 많은 옷을 사서 더 빨리 버리고, 그 덕에 패스트 패션 브랜드는 우주 대폭발 속도로 팽창하며 돈을 갈퀴로 긁어모은다. 2016년 대표적인 패스트 패션 브랜드 자라의 창업주가 빌 게이츠를 제치고 세계 1위 부자로 등극했다는데, 도대체 옷을 얼마나 많이 팔았기에 저 경지에 올랐을까. 우리는 지구가 수만 년 동안 모아둔 가장 효율적인 원료로, 썩지도 않는 물건을 만들어 잠시 쓰고 자연에 내다 버린다.

세탁 시 떨어져 나오는 미세플라스틱이 밥상으로 돌아온다

그렇다면 우리가 버린 옷은 어떻게 될까. 운 좋게 재활용을 거쳐도 결국엔 소각되거나 매립된다. 문제는 플라스틱인 합성섬유를 태우면 다이옥신 같은 유해물질을 내뿜고 묻어도 썩지 않아 미세플라스틱으로 쪼개진다는 점이다.

캐시미어 머플러에서 양털 보풀이, 면 티셔츠에서 면사가 떨어져 나오듯 합성섬유에서는 합성섬유 입자가 나온다. 극세사 제품에선 더 가늘고 미세한 합성섬유 입자가 발생한다. 이런 가늘고 긴 형태의 미세플라스틱을 미세섬유micro fiber라고 하는데, 자연계가 적응해본 적 없는 너무 작은 크기다. 무엇보다 문제는 천연섬유와 달리 분해되지 않는 데 있다.

플라스틱수프재단에 따르면 세탁기로 옷을 빨 때 폴리에스테르 재킷은 100만, 아크릴 스카프는 30만, 나일론 양말은 13만 개의 미세섬유를 낸다. 흠… 미세플라스틱 버전 인해전술쯤 되려나? 2019년 플라스틱수프재단은 아디다스, 나이키, H&M, 자라 등 다국적 브랜드 의류를 실험했다. 각 브랜드의 폴리에스테르 상의를 세탁기에서 빤 결과 모든 조사 대상에서 미세섬유가 떨어져 나왔다. 특이하게도 폴리에스테르와 면 혼방 블라우스에서 100퍼센트 폴리에스테르 티셔츠보다 3배나 많은 미세섬유가 발생했다. 이 블라우스는 kg당 약 300mg(0.03퍼센트)의 미세섬유를 발생시켜 "이건 뭐, 빨 때마다 옷이 미세섬유로 스르륵 해체되는 경지"라는 탄성을 자아냈다는 후문이다. 이 중 가장 미세섬유가 적게 발생한 옷은 재활용 폴리에스테르 원단이 65퍼센트 포함된 블라우스였다. 의외로 재활용 원단의 미세섬유 배출량이 가장 적었다.

세계자연보호연맹은 전 세계 미세플라스틱 오염의 약 35퍼센트는 합성섬유 제품을 세탁하는 과정에서 나왔을 거라고 추산한다. 최근 '플로리다 미세플라스틱 캠페인'이 미국 전역에서 950개의 샘플을

조사했더니 물에서 발견된 플라스틱 중 82퍼센트가 미세섬유였다. 그렇다면 실제로 정확히 얼마나 나올까? 국내 한 언론에 따르면 세탁기에 1.5kg의 옷을 돌린 후 체에 거른 결과 0.1346g의 미세섬유가 검출되었다.★ 우리나라 평균 세탁량에 대입해보니 1년에 1,000톤이 넘는 미세섬유가 나온다. 크기별로는 100μm 이하가 78퍼센트로, 이는 사람이 섭취했을 때 간문맥까지 흡수될 수 있는 크기다.★

현재 세탁기에는 개미 코털처럼 얇디얇은 미세섬유를 거르는 장치가 설치되어 있지 않다. 국내 하수도 처리시설은 미세플라스틱을 99퍼센트 정도 걸러낼 만큼 효과적이다. 그러나 워낙 많은 양의 하수가 바다에 흘러가므로 단 1퍼센트의 미세플라스틱이라도 양을 따져보면 결코 적지 않다. 결국 미세섬유는 강에서 바다로 크릴새우 등 먹이사슬 체계의 밑바닥부터 훑으며 부유하게 된다. 그게 바로 합성섬유의 특징이자 단점이다. 그 결과 북해에서 잡히는 새우의 65퍼센트에서 미세섬유가 검출되었다.

이런 말을 하면 "그래서, 너는 합성섬유 안 입어? 플라스틱 안 써?"라는 질문이 치고 들어온다. 그럴 리가. 합성수지 옷 없이 모진 겨울을 어떻게 난단 말인가. 나뭇가지에 걸린 알파카 털을 모아 만든 코트를 쉽게 살 수도 없고. 내 겨울철 잠옷은 폴리에스테르 소재고 외출복은 합성수지 털로 된 롱코트다. 아, 정말 합성섬유는 포기가 안 된다. 생명이 으스러지는 고통을 생각하면 모피보다는 그나마 합성섬유가 낫다고 생각한다.

하지만 정녕 선택지가 이것뿐일까? 옷 입는 행위로 동물에게 고통을 주고 싶지도 않고 바다에 미세플라스틱을 흩뿌리고 싶지도 않다. 그러니 우린 버려진 플라스틱을 재활용한 다양한 섬유 제품들, 합성섬유를 빨아도 미세섬유가 나오지 않는 기술, 미세섬유를 걸러내는 세탁기 필터 망이 필요하다.

유럽연합은 세탁기 설치용 미세섬유 필터망을 연구하는 **인어** Mermaids **프로젝트**를 지원하고 있다. 나는 합성섬유 입자를 걸러주는 **구피 프렌즈**라는 세탁 망에 합성섬유 옷을 넣어 빨래를 돌린다. 지금 당장은 개인적인 노력밖에 답이 없기 때문이다. 무엇보다도 가격표를 뒤지던 눈을 돌려 옷 안쪽에 달린 라벨의 섬유 조성을 읽게 됐다. 천연섬유 의류를 찾기 위해서다. 중고 옷 가게에서 캐시미어나 린넨을 발견하면 제보해주시길. 요즘 들어 동네 중고 샵에서 발견하는 재미가 쏠쏠하다. 세상에, 최고급 캐시미어 브랜드 스웨터를 4만 원에 데려온 일도 있다. 합성섬유 피하려다 아주 그냥 '엘레강스' 스타일로 진화하는 중.

지혜로운
식생활 :

일회용 플라스틱
퇴출

　　　　　사실 미세플라스틱 문제는 1970년 초부터 학계에 보고됐지만 별 관심을 끌지 못했다. 바다는 드넓고 미세플라스틱은 머리카락보다 얇으니 자연적으로 해결될 거라고 넘겼기 때문이다. 미세플라스틱은 2004년에야 이름을 얻었고 2008년에서야 학계에서 공식 정의를 내렸다.

요즘 들어 미세플라스틱에 격한 관심이 쏠린 이유는 우리 위장을 가격했기 때문이다. 이제 우리는 매일 미세플라스틱을 섭취하고 호흡으로 들이마신다. 일주일 동안 신용카드 한 장 무게(5g)만큼 미세플라스틱을 먹는다. 죽은 고래 배 속에서 80개의 비닐봉지가 나오고 엄마가 손질하던 아귀에서도 비닐봉지가 나왔으니 인간이라고 이를 피할 순 없다. 누구도 미세플라스틱을 먹고 싶진 않지만 지금처럼 플라스틱을 마구 써버리면 대가를 치러야 한다.

미세플라스틱은 석유화학산업에서 탄생한 모든 합성수지 제품에서 나온다. 플라스틱이 쪼개지면 달리 뭐가 될 수 있을까. 일회용 컵과 포장재, 빨대, 플라스틱 수저, 칫솔, 신용카드, 인조 잔디, 페인트 등 끝도 없다. 도로를 굴러가는 자동차 타이어에서도 마모된 합성고무 입자가 나와 빗물을 타고 바다에 이른다. 건물 벽이나 바닥에 칠해진 페인트에서도 입자가 떨어져 미세플라스틱이 된다.

담배 필터는 국내에서만 하루 1억 8800만 개비가 버려지는데, 그 안에 셀룰로오스 아세테이트라는 플라스틱이 들어있다. 2019년 서울시 강북구청은 미세플라스틱을 막기 위해 관할 배수구에 담배꽁초 거름망을 설치하는 시범 사업을 시작했다. 그 소식을 들은 나는 마포구청 온라인 게시판에 한강과 가까운 마포구도 이런 사업 좀 해달라고 읍소하는 제안을 썼다.

망원시장에서 비닐봉지 줄이기 캠페인을 할 때 지나가던 손님이 비닐봉지보다 중요한 플라스틱 문제가 얼마나 많은데 작은 동네시장에서 이러냐고 물었다. 그렇지, 세상에는 비닐봉지보다 중한 쓰레기 문제가 세고 셌지. 하지만 비닐봉지 한 장만으로 웬만한 광역시 인구보다 많은, 약 175만 개의 미세플라스틱이 생긴다. 미세플라스틱의 눈으로 보면 암만 작은 플라스틱도 결코 사소하지 않다.

나는 전 세계 수돗물 샘플 중 70~98퍼센트에서 미세플라스틱이 검출됐다는 뉴스를 듣고 이제 망했다고 생각했다. 생리대나 장난감 같은 제품에서 유해물질이 검출되면 원인을 파악해 다른 제품으로 바꾸면 된다. 하지만 물에서 미세플라스틱이 나오면 세상 모든 먹거리가 오염되고 만다. 물은 인간의 70퍼센트를 구성하고 우리 먹거리를 키우는 생명의 근원이니까. 현재 어패류와 어류 등 해산물은 물론 맥주·꿀·설탕·생수 같은 온갖 음식에서 미세플라스틱이 검출된다. 돈 벌어 소고기 사 먹는 재미로 사는 내 룸메이트는 아귀 내장에서 페트병이 나온 뉴스를 보고 "거봐, 이제 해산물은 플라스틱 땜에 안 돼, 소고기야"라고 한다. 음메~ 소는 미세플라스틱이 스며든 물을 안 먹느냔 말이다.

2018년, 김승규 인천대 해양학과 교수팀과 그린피스는 21개국에서 생산된 39개 소금을 분석한 결과를 발표했다. 바다 소금 1kg에 미세플라스틱이 최대 1만 3,000여 개가 들어있었다. 소금의 평균 일일 섭취량(10g)을 매일 먹으면 매년 2,000개의 미세플라스틱을 먹는 셈이다.

하지만 미세플라스틱은 최근에야 연구되기 시작한 분야라 구체적으로 얼마나 위험한지 딱 부러지게 말할 수 없다. 다만 학자들은 미세플라스틱에서도 가장 작은 크기의 나노 플라스틱을 우려한다. 나노 플라스틱을 먹은 물고기의 경우 미세플라스틱이 세포까지 침입해 미토콘드리아를 손상시켰다. 사실 인류가 오랫동안 잘 사용해온 은도 나노 단위로 쪼개지면 위험하다. 몇 년 전 출시된 항균 은나노 세탁기는 유해성 때문에 유럽 수출이 금지됐고, 이후 슬그머니 시장에서 사라졌다.

더구나 미세플라스틱은 스펀지처럼 유해물질을 흡수해 그 자체로 독성물질이 될 수도 있다. 더 무서운 건 미세플라스틱이 워낙 작고 가벼워 미세먼지처럼 공기 중에 떠다닌다는 사실이다. 미세먼지도 노답인데 미세플라스틱까지 코로 들이마셔야 하다니. 공기청정기를 돌리고 유기농산물을 사고 해산물 대신 소고기만 먹어도 미세플라스틱을 막을 수 없다.

이럴 땐 왜 공기와 물은 왜 이다지도 평등한지 좀 억울하다. 나는 이미 포장된 상품을 제외하면 비닐봉지를 1년에 한 장도 안 쓴다. 그런데 왜 검정 비닐봉지를 바리바리 싸가는 이와 똑같이 미세플라스틱에 노출돼야 한단 말인가. 자연이 오염자 부담 원칙에 따라 공평하게 사람마다 다른 대우를 해주면 좋겠다. 그렇게 투덜거렸더니 친구가 그럼 다음 세대는 얼마나 억울하겠냐고 해서 헉, 뻘쭘해지고 말았다. 뭐라도 방법이 없을까? 페트병 생수를 마시면 수돗물보다 약 20배 많은 미세플라스틱을 섭취하니, 패스.★ (생수가 든 플라스틱 용기에서 미세플라스틱이 떨어져 생수에 들어갈 우려가 있다. 게다가 제조공정에서도 미세플라스틱 오염이 일어나기도 한다.) 해산물을 섭취할 때는 미세 플라스틱이 들어있는 내장보다 살코기 위주로 먹고.

또 다른 정보가 없나 하고 인터넷으로 '미세플라스틱 섭취를 줄이는 방법'을 찾아봤다. 나오는 건 오로지 플라스틱 사용을 줄이는 방법뿐. 그러니까 미세플라스틱을 원치 않는다면, 특히 아이들에게 미세플라스틱 밥상을 넘기고 싶지 않다면 할 일은 하나뿐이다. 일회용 플라스틱은 이제 그만.

심플 라이프
주생활 :

물건
다이어트

         도시에서 생태적인 삶이 가능할까? 마치 툰드라 지대에서 망고를 기르겠다는 결심처럼 불가능해 보인다. 그런데도 도시에서 친환경적으로 살아보겠다며 덜컥 집을 사버리고 말았다. 거지 깽깽이 같은 집들이 숨 쉬는 내내 돈만 모아도 감당 안 될 만큼 세를 올려서 집값과 전셋값이 별 차이가 없기도 했고, 밀양 765kV 송전탑 반대 투쟁을 할 때 "니들은 전기 안 쓰냐?"란 비아냥을 765번도 넘게 들으면서 오기가 솟구쳤다. 사는 곳을 개조해 에너지를 적게 쓰고 말겠다는.

이왕 이렇게 된 거, 내 집을 그런 비판을 철벽 방어하는 100퍼센트 친환경 하우스로 개조하리라. 그러나 도시에 꼭 맞는 적정 기술을 찾겠다는 애초의 다짐은 포기와 타협을 거쳐 '적당' 기술에 머물 수밖에 없었다. 신재생 에너지인 지열 발전을 하려면 15평인 우리 집에 비슷한 크기의 기계실을 들여놓고 나는 기계 위에서 자야한다. 사용한 세면대 물을 변기 물로 재활용하는 기특한 장치는 이탈리아에서 직접 가져와야 한다. 친환경 에코 하우스? 현실에 후딱 꿈을 깨고 말았다. 결국 이런저런 기술이나 설비를 갖춘 인프라보다 살림살이와 삶의 자세를 들여다보게 됐다.

다른 방식의
탕진잼

나는 '심플 라이프'도 사랑하고 '탕진잼'도 사랑한다. 이 모순된 사랑 같으니라고. 둘 다 내 취향을 고스란히 드러내는데, 톨스토이가 말했듯 "취향이란 인간 그 자체다." 지금 이 세상에도 내 모순된 사랑이 데칼코마니처럼 똑같이 반복된다. 미니멀 라이프와 정리의 기술이 유행하는가 하면 소소하게 누리는 재미도 대세다.

이미 고도의 경제성장에 가닿을 수 없는 시대, 언젠가 집 사고 차 사서 알토란 같은 중산층이 될 리도 없다. 푼돈을 모으면 목돈이 아니라 결국 푼돈일 뿐. 그러니 지금 이 순간 인생을 위로할 한 줌의 여유를 즐겨보자는 게 탕진잼의 모토다. 작지만 확실한 행복을 뜻하는 '소확행'을 소소한 쇼핑으로 실현하는 버전이라고나 할까.

탕진잼족은 저렴한 사치품으로 자신의 취향을 드러낸다. 적은 비용이니 충동구매라도 인생이 나자빠지지 않는 유일하고도 안정적인 순간들. 가난한 사치를 탓할 수는 없다. 탓해야 할 것은 구조적 실업과 부적절한 일자리와 부족한 복지라는 사실을 어찌 모르겠는가. 그럼에도 새 물건을 소비함으로써 취향을 실현하는 방법이 우리를 구원하지 못한다는 입바른 소리를 하련다. 꼰대처럼 들려도 말이지. 플라스틱과 유해물질에 반대하는 환경 활동가로서, 심플 라이프 부흥 대집회라도 열고 싶은 독실한 미니멀리스트로서 탕진잼 소비가 거스러미처럼 꺼슬꺼슬 마음을 긁는다. 한 개인의 선택과 취향이 곧 쓰레기로 변할 자디잔 소비로 구현되어야 할까. 누군가는 우리가 탕진할 사치재를 생산하면서 삶과 건강을 망칠지도 모른다. 무엇보다, 원하는 걸 쉽게 가질 수 없게 구조화된 세계에선 부스러기를 즐기려는 욕망마저 쉽게 상처받고 좌절당한다.

해결책은 다른 욕망을 갈고 닦는 것, 애초에 '지지 않을' 다른 선택과 취향을 찾는 거라고 생각한다. 그런 점에서 다른 방식의 탕진잼 피라미드를 소개한다. 여기엔 대량생산과 대량소비의 부산물을 수명이 다할 때까지 대접하려는 마음과 직접 만들어 쓰는 손 기술의 만족감, 그리고 타인의 선택과 취향을 자신의 기준으로 편집해 수용할 여지가 깔려있다.

1단계, 필요한 물건이 있으면 관계를 통해 구한다.
2단계, 1단계 실패 시 중고 가게나 중고 물품 직거래를 찾는다.
3단계, 1·2 단계 실패 시 재활용 재료를 사용하거나 소수자 고용 등 사회적 가치를 내세운 기업의 제품을 찾는다.

3단계를 거쳐도 원하는 물건을 구하지 못하면 사야지 어쩌겠나. 다만 물건을 찜해 놓고 두고두고 아껴 먹는 심정으로 일주일간 뻔질나게 보다가 지른다. 사고 싶은 물건을 두고만 보는 인내가 고달플 것 같지만 한번 맛 들여보시길. 욕망을 지연시키다 확 성취하는 만족감이 완전 꿀이다. 한편으론 보고 또 보는 동안 팔랑귀 같은 마음이 식거나 더 마음에 드는 물건이 눈에 들어오기도 한다. 이 과정을 통해 자신의 취향을 한껏 다듬어 진짜 취향을 반영한, 오랫동안 곡진히 사용할 물건을 건질 수 있다. 웬만해선 실패하지 않는다.

물건을 교환한다는 건
많은 이야기를 듣는 것

여섯 단계만 거치면 전 세계 인간들이 연결되는 SNS로 웬만한 물건을 득템하는 호시절이다. 이토록 물건이 지천에 널린 편리한 시대는 여태 없었다. 나는 우리 동네 온라인 터줏대감인 페이스북 '망원동좋아요'에서 물건을 나눔한다. 언젠가 만든다고 모아둔 자투리 천 한 무더기를 이젠 버려야 하나 고민할 때 천을 구하는 분을 만나 기부했다. 한번은 알로에 하나가 화분이 터져나가도록 깐 새끼들을 나눈다는 글을 올렸다. 다들 한동네라 한달음에 만나니 별로 수고롭지도 않았다. 감당할 수 없거나 버릴 물건을 동네 사람들과 나누다니 참으로 복된 인생이다. 덤으로 종량제봉투도 덜 쓰고 물건 받으러 온 분들이 선물로 가져온 쿠키도 먹고.

내 친구들은 적당한 사람에게 돌리라며 정리한 물건을 택배로 보내준다. 카페에서 일어나는 물물교환을 소재 삼은 영화 〈타이페이 카페 스토리〉는 물건을 통해 '단지 아직 서로를 못 찾았을 뿐'인 사람들의 이야기를 들려준다. 영화의 주인공은 이렇게 말한다. "물건을 교환한다는 건 많은 이야기를 듣는 거야." 우리 집을 수놓은 손때 탄 반들반들한 물건들, 입고 신는 옷이며 신이며 가방에는 내가 관계 맺은 사람들의 이야기가 들어있다. 나는 그들의 물건에서 내 취향의 물건을 골라 매치하며 한껏 탕진잼을 누린다. 물건으로 소비가 아닌 관계를 탕진한다.

주변에 아는 사람이 없거나 타인과 관계 맺기 부담스럽다면 중고 가게 이용을 권한다. 온라인카페 '중고나라'나 모바일 앱 '당근' 같은 플랫폼을 통해 직거래가 가능하다. 나는 집 근처 중고 가게 '털보네'에서 이케아 의자부터 조명까지 필요한 살림을 쓱쓱 구하곤 한다. 또 이곳을 공유 가게처럼 여겨, 사용하지 않거나 싫증 난 가구를 팔고 마음에 드는 가구로 바꿔온다.

오프라인으로 구하기 힘든 전자책 리더기나 스피커 같은 소형 가전은 온라인 중고 가게에서 싸게 사서 지금껏 잘 쓰고 있다. 하지만 뭐니뭐니 해도 참새 방앗간처럼 생각날 때마다 들를 수 있는 우리 동네 올망졸망한 중고 가게들이 좋다. 속이 헛헛하다고 느낄 때, 사람에게 상처 받아 '부비부비'가 필요할 때, 심심한데 당장 만날 친구가 없을 때 산책으론 부족하다. 살면서 당장 뭔가를 소유해 마음을 채우고 싶을 때가 있는 법이다. 그럴 때면 나는 망원시장 옆 중고 가게에 들러 탕진잼에 빠진다.

아름다운가게는 스티커부터 브래지어 끈까지 다양한 생활용품이 있고 비싸봤자 5,000원 정도라 중고 가게의 메카라 할 만하다. 마켓

인유는 중고 가게보다는 '세컨핸드 샵'으로 불러야 할 것 같은 매장
이다. 이놈의 영어 사대주의 탓에 세컨핸드 샵이라고 하면 중고라는
칙칙한 기운이 싹 사라진다. 재활용 가게에서 탕진잼이라니, 장난하
냐는 반박을 싹 돌려놓을 만큼 세련된 분위기다. 신나는 일렉트로
닉 라운지 음악을 즐기며 재활용 소재나 사회적 가치를 지닌 '착한'
물건들도 구경한다.

중고 물건을 사랑하는 또 다른 이유는 다양한 취향과 감각을 누릴
수 있기 때문이다. 공짜로 주고받거나 부담 없는 가격의 중고 물건
은 나 같은 도시 빈민에게도 다양한 스타일에 도전할 용기를 준다.
망망대해만큼이나 실패할 자유가 넓고도 깊다. 취향도 실험하고 시
도해 봐야 길러진다. 중고 가게에서 배꼽 크롭니트, 트로피칼 헤어
밴드, 히피풍 귀걸이 같이 제값 주고는 못 샀을 아이템을 맘껏 지를
수 있었다. 샀다가 실패하면? 중고 장터에 내놓거나 주변 물건 돌리
기 멤버들에게 나눠준다. 이때 드는 비용과 시간은 탕진잼 비용인
셈이다.

중고물품 덕에 그 나물에 그 밥인 단조로운 스타일을 벗어나 스타
일링하는 즐거움을 알게 됐다. 하루는 자크르한 정장 스타일로, 어
느 날은 히피풍으로 널뛰기해서 입는다. 그러다 과연 입을 수 있을
까 의심한 옷들 중 가끔 대박을 터뜨렸을 때의 즐거움이란. 몰랐던
내 모습을 발견하는 순간이야말로 탕진잼의 최고 향락에 도달한 경
지가 아닐까.

미니멀리스트의 심플 라이프 : 물건 총량제

　　　　　　　　중고 물품이든 친구가 건넨 물건이든 죄다 쟁이면 집이 터져나가겠지만, 앞서 밝혔듯 나는 독실한 미니멀리스트다. 탕진잼을 온전히 누리면서도 심플 라이프를 유지하기 위한 대원칙은 '물건 총량제'다. 국토균형발전을 위해 수도권 공장 총량제가 있듯 나는 우리 집 물건의 균형을 유지하기 위해 가짓수를 제한한다. 원하는 물건은 집에 들이되 들인 만큼 다른 걸 내놓아 소유한 물건의 총량을 유지한다.

어느 정도냐면 친구들은 나 무서워서 내 생일 선물도 못 산다. 필요 없거나 취향이 아닌 물건을 바퀴벌레 취급하는 걸 알기 때문이다. 룸메이트에게는 30분 마사지 쿠폰, 생일 주간 설거지, 펑크 난 자전거 수리 같은 서비스를 요구한다. 필요 없는 물건은 공손하되 단호히 거절한다. 분리수거함 옆에 안 쓰는 물건용 박스를 놔두고 수시로 물건을 처분한다. 처분이란 동네 중고 가게에 기증하거나 아는 사람들과 나눈다는 뜻이다.

10평 오피스텔에 사는 한 친구는 어느 날 갑자기 물건으로 빼곡한 공간에 질식할 것 같아 정리 수납 업체에 문의를 했다. 집 평수가 아니라 정리 상태에 따라 노동량이 정해지는데, 상태를 보니 정리 전문가 3명이 필요하다고 했단다. 1인당 인건비가 15만원이므로 총 45만원이었다. 그날 100ℓ 종량제봉투와 뜯지도 않은 택배 박스가 각각 10개 정도 나왔다. 마치 소형차 안에서 10명이 기어 나온 모양새였다. 쓰지 않는 물건을 정리하고 수납 기술을 배우고 나자 마법을 부린 듯 집이 변했다. 이토록 넓은 줄 몰랐단다. 지불한 비용이 하나도 아깝지 않다고 했다. 그때그때 필요한 물건을 정리하는 삶은 공간과 시간과 돈을 벌어준다. 쟁여두지 않고 청소할 때마다 안 쓰는 물건을 정리하는 습관을 들이면 자연스레 정리 수납 전문가가 된다.

언젠가부터 20~30벌씩 최소한의 의류만 보관하는 '캡슐 옷장'이 인기를 얻기 시작했다. 하지만 미니멀리즘만큼이나 탕진잼을 사랑하는 내겐 무리다. 패션 테러리스트에 가까운 내 감각으로는 몇 가지 옷만으로 다채롭게 입을 재간이 없기 때문이다. 물건 총량제에 의류도 포함되기에 늘 일정한 가짓수는 유지하지만 양 자체가 적지 않다. 하지만 화장품과 세제라면 최소한만 쓰는 심플 라이프가 딱이다.

나는 기초 화장품은 보습제와 선크림만 바르고 모든 살림을 2~3종의 세제로 끝내며 머리부터 발끝까지 약산성 비누 하나로 씻는다. 이 중 대부분은 초간단 레시피로 직접 만든다. 잼을 만들 듯 직접 '담근' 화장품을 유리병에 채운다. 절로 플라스틱 프리다. 쏠쏠한 재미도 있고 똥손인 내가 이렇게 쓸모 있는 것을 만들다니, 감동하게 된다. 아아 나도 나름 쓸모 있는 사람이었어!

내가 가장 좋아하는 순간은 집에서 따뜻한 커피를 홀짝이며 언젠가 룸메이트가 읽을 생활 일기 겸 편지를 쓰는 시간이다. 고향을 떠난 후 지난 20년 동안 친한 친구들과 죄다 한 번씩 살아봤는데, 헤어질 때 함께 산 시간이 민들레 홀씨처럼 날아가 버려서 아쉬웠다. 그래서 부모들의 육아 일기를 본 따 우리가 함께 지지고 볶는 순간들을 적기로 했다. 특별할 것 없는 생활이지만 순간순간을 채집해 적금처럼 따박따박 저장한다.

시간에 쫓겨서는 이런 한갓진 일을 할 수가 없다. 그러니 수많은 물건에 내려앉은 먼지를 털어내고 관리할 시간 따윈 없다. 청소는 2~3주에 한번 룸메이트가 하지만 워낙 살림이 간소해 바닥에 굴러다니는 먼지 덩이만 빼면 청소를 안 해도 깨끗해 보이는 착시효과가 난다. 작은 집이라도 물건이 없고 가구 색깔만 맞추면 왠지 인테리어 회사 쇼룸처럼 보인달까.

심플 라이프의 또 다른 장점은 쓰는 돈이 심플해진다는 사실이다. 단체를 그만두자 꼬박꼬박 나오던 월급이 사라졌다. 정규직 일을 그만둔 후 한 달에 버는 돈은 20만원인데 지역건강보험료와 국민연금이 약 20만원 나올 때 내 심정을 알란가. 그래도 내겐 가끔 몇백 원 나오는 전기세와 오천 원 짜리 수도세 고지서라는 위로가 있다. 맷집이 붙은 가난뱅이 근육이 이로써 완성되었다.

지금은 일주일에 3일만 일하고 나머지 시간에는 돈은 안 되지만 좋아서 뛰어든 프로젝트를 사부작사부작 하고 있다. 정기적으로 버는 돈의 최소 50퍼센트는 저금한다. 다행히 이미 집 소유주라 월세 걱정 없고, 하고 싶은 일만 하고 맺고 싶은 관계만 맺으니까 주변이 심플하다. 집에서 밥 해 먹고 필요한 건 직접 만들거나 중고 물건을 구하며, 미니멀리즘이 취향이니 돈 잡아먹는 욕망이 사그라든다.

내겐 사보험도 없고 차도 없고 고양이도 없지만, 룸메이트가 있고 자전거가 있고 야식 먹으러 불러낼 동네 친구가 있다. 아직까지 돈 때문에 못 하는 건 없다는 뜻.

진정한 럭셔리는 사생활

이따금 쓰레기 없이 산다는 뜻의 제로 웨이스트가 '킨포크' 스타일로 여유로워 보여 돈 있는 사람들이나 한다는 오해를 산다. 그렇지 않다. 생활비를 줄이고 싶으면 바로 뛰어드시라. 『나는 쓰레기 없이 산다』의 저자도, 제로 웨이스트를 실천하는 사람들도 생활비가 약 40퍼센트나 줄었다고 고백한다. 프랑스의 한 가족은 그 비결로 무조건 사야 했던 전과 달리 필요한 것들을 직접 만들고, 뭔가를 사기 전에 정말 필요한지 자문하면서 의식 있는 소비를 한 습관 덕이라고 말한다. 허례허식을 줄이고 가격이 저렴한 중고 물품을 구입하고 서로 물건을 공유하거나 돌려쓰면 절로 생활비가 줄어든다.

디올 옴므와 셀린의 수석 디자이너를 거친 에디 슬리먼은 "제품을 고급으로 만드는 시대는 끝이 났고 이제 남은 진정한 럭셔리는 사생활"이라고 말했다. 대량 생산된 물건과 남들 취향을 따르는 유행으로 사생활을 채울 필요는 없다. 지금처럼 물건이 넘치는 시대에는 직접 만들거나 조금이라도 다르게 매만진 물건, 사연이 담긴 물건이 진정한 럭셔리가 된다. 플라스틱으로 쌓아올린 무한한 경제성장 덕분에 역설적으로 물질과 상관없는 럭셔리한 사생활이 가능해졌다.

이 풍요로운 시대에는 오히려 쓸모없는 물건을 너무 많이 소유해서 탈이다. 얼마 전 명절에 만난 친척 언니는 시어머니의 물건 쌓아놓는 병 때문에 못 살겠다고 아우성이었다. 친정 엄마가 돌아가신 후 덤프트럭 몇 대분을 내다 버렸는데 그보다 심하다며 집에 있는 냉장고 5대를 보여줬다. 그중 4대는 이미 고장 나, 신발부터 썩은 김치까지 지하실 창고처럼 물건이 그득 들어차 있었다. 언젠가 고쳐 쓴다거나 이래저래 필요하다니 처분할 수도 없는 노릇이었다.

물건을 절대 못 버리고 쟁여 두는 증상을 '저장 강박증후군'라고 한다. 그런 사람들을 '호더hoarder'라고 하는데 심하면 심리상담과 약물 치료를 받아야 할 병이다. 이를 예방하려면 정리의 달인 곤도 마리에의 따끔한 충고를 기억하는 것이 좋겠다. "물건을 만졌을 때 더 이상 설레지 않으면 버리세요."

고인 물에 더껑이가 내려앉듯 지구에 쌓이는 플라스틱 더미를 볼 때마다 덜컥 무섭다. 우리 사회가 너무 많은 플라스틱 물건을 지구에 쌓아놓는 저장 강박증후군에 걸린 것만 같다. 그러나 호더가 집에서 트럭으로 내다 버리는 쓰레기와 달리 지구에 쌓인 플라스틱은 처분할 곳이 없다.

2018년 내셔널지오그래픽은 "지구냐 플라스틱이냐Planet or Plastic"라는 카피와 함께 해수면 위로 솟은 빙하를 비닐봉지로 표현했다. 비닐봉지를 비스듬히 뒤집어 놓으면 언뜻 녹아내리는 빙하처럼 보인다. 대체 비닐봉지가 굶주린 북극곰이나 펭귄도 아닌데 빙하와 무슨 상관일까?

땅 속에 묻힌 석유를 꺼내 사용하는 과정에서 탄소가 뿜어져 나온다. 석유로 만든 플라스틱도 마찬가지다. 플라스틱에서 배출된 탄소는 공기 중 산소와 결합해 이산화탄소가 되어 기후변화를 일으키는 데 기여한다. 더구나 플라스틱이 자외선을 받아 삭으면 이산화탄소보다 훨씬 강력한 온실가스인 메탄이 나오기도 한다. 이처럼 플라스틱과 기후변화는 화석연료란 몸체에 달린 샴쌍둥이 같은 존재다. 화석연료를 쓰면서 급격히 증가한 이산화탄소 때문에 기후는 미친 듯 요동치고 있다. 한 사람이 1년간 사용한 비닐봉지에서 54.1kg의 온실가스가 발생한다고 하니, 엄청난 양 아닌가.

현재 북극과 남극에서도 상당량의 미세플라스틱이 발견되고 있다. 매년 1270만 톤 이상의 플라스틱이 바다에 흘러들어간다. 1분마다 쓰레기 트럭 한 차 분량씩 바다에 쏟아버리는 셈이다. 그건 빙산의 일각에 불과하다. 바다에 흘러 들어간 플라스틱은 사라지지 않고 계속 쌓이기 때문이다. 기후변화로 빙하가 녹은 자리를 플라스틱으로 채우다니, 이 무슨 막돼먹은 호더 짓인가.
기후변화를 멈추기 위해서라도 불필요한 플라스틱 물건을 지구에 쌓아두는 호더 짓은 그만둬야 한다. 물건 다이어트는 물건으로 짓눌린 삶의 공간에 숨통을 터주고 기후변화를 막는 적극적 실천이다. 지구에게도 지금 당장 심플 라이프가 필요하다.

내가 아는 플라스틱 프리 열혈 실천러는 신상이 뜨면 꼭 갖고야 만다. 친환경 소재 타이벡 봉지, 실리콘 용기, 이슬람권에서 칫솔과 치약 대신 사용하는 '미즈왁'이라는 나뭇가지 등 세상 신박한 물건은 다 갖고 있다. 분명 중독자 수준으로 물건을 사들이지만 호더는 아니다. 대안적인 물건만 들입다 사들여 원하는 사람들에게 아낌없이 나눠준다. 스스로 미니멀리즘을 지향하는 맥시멈리스트라고 칭한다.

우리 모두 갑자기 극적으로 인생을 리셋할 수는 없다. 가능하다면 그렇게 하면 된다. 리스펙! 하지만 나는 엄청난 온실가스를 배출하는 비행기를 꽤 자주 탄다. 죄책감에 쪼그라들지만 취미가 여행인지라 쉽게 포기가 안 된다. 하도 포기가 안 돼서 요즘 적어도 3년도 비행기를 타지 않겠다, 2시간 이내 단거리는 평생 비행기를 타지 않겠다고 온동네 소문을 내고 있다.

소비를 줄이기가 잘 안 되면 미니멀리즘을 지향하는 맥시멈리스트라도 되고, 소비할 땐 대안용품과 사회적기업을 찾자. 처음 그어놓은 선을 변명 삼아 거기서 멈추지만 말자. 나 역시 언젠간 비행기를 타지 않고 지금 여기서 여행자의 시선으로 살아갈 날을 꿈꾼다.

다른 사람이 대신 선을 그어줄 순 없다. 마음이 동해서 스스로 움직일 때까지 우선 할 수 있는 것만이라도 해보자. 나머진 그 선택을 북돋아주는 친구들과 사회적 제도들에 기대면서 한 발짝씩, 안단테.

"존, 인생이라는 건 본질적으로 선을 긋는 문제이고 선을 어디에 그을 것인지는 각자가 정해야 해. 다른 사람이 선을 대신 그어줄 수는 없어. (…) 다른 사람이 정해놓은 규칙을 지키는 것과 삶을 존중하는 건 같지 않아."

존 버거, 『여기, 우리 만나는 곳』 중에서

5부

어쩌면
희망적이야

꿈은
이루어진다 :

쓰레기
편

심플 라이프를 실천하며 내놓는 물건들은 어디로 갈까? 필요한 사람이 가져가거나 중고 가게에서 팔려 재사용 되면 구사일생으로 구원을 받는 거고 분리수거라도 되면 천만다행이다. 그러나 대부분은 종량제봉투에 담겨 사라진다. 그렇다면 종량제봉투는 어디로 가서 어떻게 처리될까.

자원회수시설이 설치된 지역이라면 소각장으로 이동해 '가연성 폐기물'로 태워진다. 한 해에 약 75만 톤 정도가 소각된다. 지역 주민들의 소각장 반대 운동에서 알 수 있듯, 소각장은 유해물질을 배출하며 소음·악취·먼지 등을 일으킨다. 어느 누구도 자기 뒷마당이든 앞마당이든 쓰레기 관련 시설을 들이고 싶어 하지 않는 이유다. 자원회수시설이라는 왠지 좋아보이는 이름을 달아도 요즘은 주민들이 득달같이 알고 결사반대한다. 하지만 아무리 싫어도 어딘가에는 쓰레기를 처리하는 시설이 들어선다.

나 살자고 남의 눈에 눈물 나게 하면서도 우리는 사고 또 사고 버리고 또 버린다. 자원회수시설에서 타고 남은 재들의 마지막 경로는 매립지다. 자원회수시설이 없는 지역에서는 쓰레기 집하장이나 차량에서 압축해 바로 매립지로 보낸다. 소각 없이 매립하면 부피가 어마어마하고 침출수와 메탄가스 문제 등이 발생한다. 어떤 학자는 이렇게 말한다. 매립은 쓰레기를 땅에 묻는 거고 소각은 하늘에 묻는 거라고.

쓰레기,
어디로 갈까

인천 앞바다를 메워 만든 수도권 매립지(단일 규모로 세계 최대)는 여의도의 5.5배 축구장 2,500개 크기다. 하루 평균 15,000톤이 반입되고 트럭 900여 대가 드나든다.* 허나 워낙 많이 버려지는 탓에 이렇게 거대한 매립지도 거의 포화 상태에 이르렀다. 그 결과 2026년부터 수도권매립지에 쓰레기 직매립이 금지된다. 2026년부터 매립지에 가지 못한 쓰레기를 태울 신규 소각장이 필요한데, 지난 2022년 후보지가 된 마포구는 절대 안 된다며 격렬하게 반대했다. 지자체들이 서로 눈치를 보며 어떻게 떠넘길지 치열하게 물밑 작전을 펴지만, 땅덩이는 좁고 쓰레기는 많고 아무도 쓰레기를 반기지 않으므로 답은 없다.

그렇다면 어떻게 버려야 할까? 이물질이 묻어있고 세척이 불가능하면 종량제봉투에 넣는다. 재활용이 안 될 뿐더러 다른 재활용품도 오염시키기 때문이다. 하지만 종량제 쓰레기가 많아지면 소각장을 더 지어야 하고 매립지는 더 빨리 차버린다. 그러니 어떻게든 종량제 봉투에 들어가는 쓰레기를 줄여야 한다. 예를 들어 불투명한 녹색 페트병을 분리수거하면 에너지원이 되거나 질이 낮더라도 재활용이 일어난다. 그러니 유색 페트병도 깨끗이 씻어 분리배출해야 한다. 투명한 병을 사용하지 않는 회사에 꾸준히 항의하면서 말이다.

우리는 해마다 1인당 350~400kg의 생활 폐기물을 버린다. 종량제가 실시된 1996년 이후 2017년까지 매해 비슷한 수준을 유지했다. 문제는 사업장 및 건설 폐기물로 2017년 생활 폐기물보다 7배 많은 쓰레기를 쏟아냈다.★ 그러므로 사업장과 건설 폐기물을 줄이지 않는 이상 결코 개인의 실천만으로 쓰레기 문제를 해결할 수 없다. 해결책의 실마리는 사실상 사업장과 건설 현장에서 나오는 폐기물이 쥐고 있는 셈이다.

플라스틱 재활용을
부활시킬 실속 처방전

"바보야, 문제는 경제야" 이 말은 재활용에도 적용된다. 2018년 쓰레기 대란 때 폐비닐을 수거하지 않은 이유가 바로 폐비닐을 재활용해봤자 수거하고 운반하는 비용도 안 나오기 때문이었다. 이 사태는 지자체와 환경부의 권고를 받아들여 업체와 계약을 맺은 아파트가 수거업체에 재활용품 판매금을 낮춰 받으면서 일단락되었다. 당시 재활용품을 민간업체에 판매하지 않고 지자체 용역업체가 직접 관리하는 일부 주택과 다세대 빌라 지역은 곤란을 겪지 않았다.

냉정히 말해 재활용 플라스틱은 손이 많이 가고 돈은 안 된다. 즉 질 높고 저렴한 새 플라스틱에 비해 경쟁력이 낮다. 오일 피크 어쩌고 하며 플라스틱의 원료인 석유 가격이 올라도 플라스틱 가격은 오르지 않는다. 새로 발굴한 셰일가스에서 에틸렌 가스를 뽑아 플라스틱을 제조할 수 있기 때문이다. 석유에서 나프타로 정제한 후 에틸렌 가스를 뽑아내지 않고 셰일가스에서 바로 에틸렌으로 건너뛰므로 플라스틱 생산 단가가 낮아진다. 따라서 일회용 플라스틱에 환경세, 탄소세, 재활용 분담금 등 뭐라도 환경적 비용을 부과하는 것이 관건이다. 자본주의 사회에서 돈만큼 즉각적이고 효과적이며 보편적인 수단이 어디 있으랴. 비용을 부과하지 않으면 남은 방법은 사용을 금지하거나 제한하는 강력한 정책뿐이다.

세계 각국 정부는 비닐봉지 사용 금지 혹은 유료화를 시행 중이다. 2002년, 약 200원의 비닐세를 부과한 아일랜드는 그 후 1년 만에 비닐봉지 사용량의 90퍼센트를 줄였다. 핀란드 노르웨이 등 북유럽 국가는 탄소를 배출하는 석유화학기업에 탄소세를 부과한다. 지난 10년간 2번 씩이나 비닐봉지를 규제하는 데 실패한 케냐는, 2017년 비닐봉지를 소유하기만 해도 4천만 원 이상의 벌금과 3년 이상의 징역형을 내리는, 세계에서 가장 강력한 법을 시행한 다음 일거에 비닐봉지를 몰아냈다. 이처럼 일회용 플라스틱과 관련된 기업이나 물건에 세금을 부과해 환경오염 비용을 거두고 그 재원을 활용할 수 있다. 경쟁력이 낮은 재활용 플라스틱이 시장에서 외롭게 싸우지 않도록, 개인이 불편과 모욕을 참으며 홀로 친환경 실천을 짊어지지 않도록 일회용 플라스틱을 규제하는 동시에 경제적 부담을 부과해야 한다.

세계 각국의 플라스틱 규제

- 아일랜드 : 2002년 방글라데시와 함께 세계 최초로 비닐세 PlasticTax 도입, 1년만에 비닐봉지 사용량 90퍼센트(10억 개) 이상 감소
- 모로코 : 2016년 비닐봉지 규제법 시행 이후 500톤에 달하는 비닐봉지 회수
- 인도네시아 반자르마신 : 2016년 인도네시아 최초 비닐봉지 사용 금지 후 비닐봉지 사용량 80퍼센트 감소
- 미국 샌프란시스코 : 공공행사에서 생수 판매 및 배포 금지, 식수대 의무화, 스티로폼, 재활용 및 퇴비화 불가능 포장재 사용 금지, 비닐 포장지, 빈백(기대어 눕는 형태의 소파) 완충재로 플라스틱 금지
- 미국 뉴욕 : 식품용 일회용 스티로폼 용기 금지
- 인도 카르나타카 : 비닐봉지, 현수막, 플라스틱 식기 등 모든 일회용 플라스틱 금지
- 유럽연합 : 2021년부터 스틱, 면봉, 식기류, 빨대, 풍선 막대 등 10개 제품 사용 금지, 생리대와 물티슈에 미세플라스틱 경고하는 라벨 부착 의무화, 2025년부터 플라스틱 병의 90퍼센트 의무적 수거
- 캐나다 : 2021년부터 비닐봉지, 스틱, 면봉, 식기류, 빨대, 풍선 막대 사용 금지
- 전 세계 플라스틱 규제 및 법제화 가이드 https://plasticpollutioncoalitionresources.org

제도를 나열하면 골치 아프겠지만 우리가 알고 밀어줘야 한다. 제도의 뒷받침 없이는 일회용 플라스틱을 몰아낼 방법이 없으니까 말이다. 매일 보따리장수처럼 텀블러에 빨대에 수저에 장바구니까지 바리바리 싸 들고 다니는 것보다 제대로 된 정책 한 방이 효과적일 수 있다.

국내 일회용품 함께 줄이기 정책
: 2022년까지 일회용품 사용량 35% 이상 줄인다!

- **2020년** 관공서 우산 비닐 금지, 이중 포장(1+1묶음 상품) 금지, 운송품 포장공간비율 및 친환경 포장 기준 마련, 제로 웨이스트 마켓 확대
- **2021년** 포장 및 배달 음식에 일회용 식기류 무상 제공 금지, 다회용기 사용자에게 에코머니 적립, 장례식장에서 일회용 컵과 식기 사용 금지
- **2022년** 종이컵 매장 내 사용 금지, 컵보증금제 시행·일회용 빨대·젓는 막대·우산 비닐(대규모 점포) 금지, 택배 스티로폼 재사용 상자 교체 사업, 목욕장업 및 숙박업 일회용 위생용품(면도기·샴푸·린스·칫솔 등) 무상 제공 금지
- **2030년** 상업용 비닐봉투 사용 전면 금지, 일회용 식기 종류별 단일화 혹은 다회용기 사용

※환경부 보도자료를 정리

한 번 쓰고 버리는 지금의 궤도에서 벗어난다면 이 모든 것을 가방에서 내려놓고 파우치백만 들고 나갈 수 있겠지, 하는 희망으로 제

도를 줄줄 읊어보겠다. 재활용을 높이고 일회용품 사용을 제한하는 제도에는 폐기물부담금, 생산자책임재활용^{EPR}, 보증금, 그리고 재활용 등급제가 있다.

첫째 **폐기물부담금**은 재활용을 하지 않고 매립 및 소각한 제품에 부과되는 폐기물 처리 비용이다. 폐기물부담금이 붙는 제품은 살충제 및 유독물 용기, 껌, 일회용 기저귀, 담배, 플라스틱 등이며 이 중 플라스틱 제품은 일정 비율 이상을 재활용하면 부담금을 감면해준다. 허나 재활용을 늘리기도 힘들고 폐기물부담금을 내기도 힘들어서 사람 눈이 잘 닿지 않는 곳이나 개발도상국에 쓰레기를 내다 버리는 불법이 자행되기도 한다. 전국 곳곳에 쌓인 쓰레기 산은 이렇게 생겨났다. 폐기물부담금이 많이 올랐다고 해도 여전히 쓰레기를 처리하는 실제 비용엔 못 미친다. 예를 들어 일회용 기저귀 하나당 폐기물부담금은 5.5원인데 실제 매립에는 13.72원이 들어 약 30퍼센트만 충당되는 실정이다.★ 폐기물부담금이 실제 비용보다 낮게 책정되면 기업과 소비자가 지불해야 할 비용을 국민 세금으로 메우게 된다.

둘째 **생산자책임재활용제도**는 생산자에게 재활용 의무를 부과하고 이를 안 지키면 재활용에 드는 비용 이상의 부과금을 매기는 제도다. 한마디로 당신네 회사가 이걸로 돈을 벌었으니 다시 회수해서 책임지라는 지극히 합당한 논리다. 재활용을 세금이 아니라 기업에 돌리는 이 제도는 독일에서 처음 시행됐다. 이후 독일은 소비 증가에도 재활용은 늘어나고 매립하는 포장재는 줄어드는 성과를 거뒀다. 현재 독일과 덴마크 포장재 쓰레기는 거의 100퍼센트 수거되는데, 생산자책임재활용제도가 뒷받침하기 때문이다. 새 가전제품을 사면 같은 종류의 폐가전을 무상으로 회수하는 것도 바로 생산자책임재활용 제도 덕분이다. 문제는 생산자가 생산한 모든 제품에 대해 재활용을 책임지는 것이 아니라 재활용 의무율을 정해 그 의무만큼만 재활용하면 된다는 점이다. 또한 연간 매출 10억 원 이상의 기업만 해당돼 그 이하의 기업은 재활용 책임을 지지 않는다.

이 제도가 얼마나 절실한지 깨달은 계기가 있었다. 플라스틱 컵 어택 활동을 하면서 브랜드를 알 수 없는 테이크아웃 컵을 처리할 방법을 찾을 때였다. 일회용 컵 재활용률이 5퍼센트라는 현실에서 그냥 버리면 제대로 재활용되지 않을 거란 슬픈 예감이 들었다. 슬픈 예감은 틀리지도 않는지, 연락한 재활용 업체마다 돈이 안 돼서 테이크아웃 컵은 안 받는다고 절레절레 손사래를 쳤다. 실제 겪어보니 테이크아웃 컵 재활용률은 5퍼센트가 아니라 0퍼센트였다. 반면 똑같은 소재인 페트병은 재활용 분담금을 받을 수 있어 재활용 가능성이 높다. 결국 우리는 알음알음 찾아낸 서울새활용플라자의 소재은행에 컵들을 보내 재활용 워크샵 교육에 사용하기로 했다.

재사용 테이크아웃 컵 사례

- 영국의 스타벅스 라떼 부담금Latte Levy : 일회용 컵 하나당 5펜스씩 가격을 부과하고 개인 컵이나 텀블러 사용 시 25펜스를 할인해 줌.
- 독일의 프라이부르크 컵 : 2016년부터 전체 카페 중 60퍼센트 이상이 참여한 '프라이부르크 컵' 운영. 손님들은 참여 카페 어디에

서나 보증금 1유로(약 1,320원. 2019년 7월 기준)에 다회용 컵을
빌리고 반납 시 보증금을 환불 받음. 약 26,000개의 프라이부르크
컵이 배포되었고 그중 85퍼센트 반납됨.

- 미국의 벡셀웍스, 영국의 컵클럽 : 다회용 테이크아웃 컵을 대여
수거 세척하는 서비스. 카페 공항 회사 대학 캠퍼스 축제 등에서
RFID(전자태그) 칩이 부착된 컵을 대여. 일정 기간 후 미반납 시
등록된 신용카드에서 컵 비용 자동 결제.

- 한국의 해피해빗: ICT 솔루션을 활용해 다회용 컵 공급 → 대여 →
수거 → 세척 → 재공급하는 다회용 컵 자원순환 서비스로, 보증금
1,000원을 내고 다회용 컵을 사용한 후 컵 반납 시 돌려받는다. 서
울, 제주, 인천 등지에서 운영 중이다.

셋째 **보증금제**는 재활용 및 재사용 가능한 물건에 보증금을 부과해
소비자가 물건을 반환할 때 보증금을 돌려받는 제도다. 생산자책임
재활용제도에서는 생산자가 자사 제품에 책임을 진다면, 보증금 제
도에선 소비자가 자신이 사용한 제품에 책임을 진다. 해당 물건을
반환하지 않으면 보증금도 돌려받을 수 없다. 맥주 소주병에 붙은
'빈 병 보증금'이 바로 이 제도다. 기업 입장에서는 빈 병을 수거하고
세척하고 보증금을 관리해야 하니 보증금제가 영 번거롭다. 기업 입
김이 센 미국은 1980년 이후 보증금제를 한 건도 실시하지 않은 반
면, 유리병은 물론 페트병에도 보증금제를 실시하는 독일과 노르웨
이는 페트병의 90퍼센트 이상 회수된다. 현재 대부분의 음료 용기
에 보증금을 부과하는 곳은 독일과 북유럽 국가들 정도다.

보증금제는 일회용품에도 적용 가능하다. 종이컵은 젖지 않게끔 내

부에 폴리에틸렌 코팅이 돼있어 따로 수거하지 않는 한 재활용하기 힘들다. 그러나 플라스틱 코팅을 제거하고 종이만 분리하는 전문 업체로 보내면 휴지로 재탄생된다. 따라서 일회용 컵에 보증금을 부과하면 컵을 반환하는 누구나 보증금을 돌려받고, 함부로 컵을 버리지 않을 테니 거리는 절로 깨끗해지고 컵은 재활용 전문 업체로 보내진다. 아울러 보증금이 비용으로 여겨져 일회용 컵 사용이 억제되는 효과가 난다. 한국에선 2008년 내수 경제 부흥과 미반환금 처리 문제로 이 좋은 컵보증금제가 폐지됐는데, 직후 일회용 컵 사용이 60퍼센트 이상 급증했다.

넷째 **재활용 등급제**는 제품의 디자인과 생산 단계부터 재활용이 잘되도록 유도하는 제도다. 포장재마다 4단계(재활용 최우수·우수·보통·어려움)로 등급이 매겨진다. 즉 애초에 포장재의 재질과 구조가 재활용에 적합한 방향으로 만들어지는지 확인한다. 2015년 생산된 전체 페트병 중 재활용에 적합한 1등급 페트병은 0.1퍼센트뿐이고, 99.9퍼센트는 유색 페트병 혹은 라벨 제거가 어려워 재활용이 힘든 포장재였다. 다행히도 쓰레기 대란 이후 재활용 등급제가 의무화되면서 2020년부터 재활용 등급이 낮은 포장재를 쓴 기업은 분담금을 많이 내도록 법이 개정되었다. 이 제도 덕에 벌써 유색 페트병들이 투명으로 갈아타고 있다. 늦었지만 멋진 변화다.

일본 시코쿠 섬 동쪽에 약 2천 명이 사는 카미카츠 마을이 있다. 이 마을은 2003년 쓰레기 제로 마을을 선언하고 불필요한 소비와 낭비를 줄이고 모든 쓰레기를 34종으로 분리배출하기 시작했다. 전주민이 쓰레기 제로 및 분리수거 교육을 받아 실천하고, 마을 어르신들은 버려진 재료를 활용한 상품을 만들어 판매한다. 현재 카미카츠 마을의 재활용률은 80퍼센트다. 쓰레기를 34종으로 꼼꼼히 분리수거해야 하니 주민들은 애초에 포장지가 안 나오는 제로 웨이스트 상점을 사랑한단다.

미국 샌프란시스코는 2020년까지 매립장과 소각장에 보내는 쓰레기를 없애고 모든 폐기물을 재활용한다는 목표를 세웠다. 이 일환으로 비닐봉지는 물론 스티로폼 용기도 사용을 금지했다. 이탈리아 까판노리 주민들은 소각장 반대 운동에서 시작해 제로 웨이스트 운동을 발전시켰다. 그 결과 재활용률이 2004년 40퍼센트 미만에서 2013년 82퍼센트로 솟구쳤다. 주민들은 퇴비 발효기를 이용해 음식물 쓰레기는 흙으로 만들고, 시는 천 기저귀에 보조금을 지급하는 등 다양한 실천과 정책이 어우러진다.

한국은 외계인이 특별히 분리수거 유전자를 심어놓은 것이 아닌가 의심될 정도로 가장 빨리 분리수거가 자리 잡은 나라다. 그런 우리라면 저 모든 제로 웨이스트 정책과 실천을 그 어떤 나라보다 빨리 실현할 수 있을 것이다.

테이크아웃 컵을 쫓아간 '쓰레기 여행'

국내 최초로 일회용 컵 없는 카페를 열고 텀블러 세척 및 대여 서비스를 시작한 '보틀팩토리'의 정다운 대표가 청소차, 재활용 선별장으로 쓰레기 여행을 떠난 여정을 담았다.

플라스틱의
미래

'뉴트로'

쓰레기 제로의 꿈을 이루기 위해 나선 실천러들은 이미 밀랍 랩, 스테인리스 용기, 유리 빨대 등을 경험했을 것이다. 나 역시 플라스틱 거부의 사명을 띤 지름신이 강림하여 갖가지 대안 물건을 써보았다. 그중 하나가 바로 실리콘 용기다.

용기를 들고 다니면 딱 하나 불편한 점이 있다. 부피가 커서 영 번거롭다. 때마침 이를 해결할 궁극의 물건, 실리콘 용기를 찾았다! 말랑말랑한 실리콘 특성상 작게 접히고 가볍기까지 했다. 게다가 국물도 안 새지, 용기째 냉동하고 가열해도 유해물질 염려 없지, 몰캉몰캉한 촉감도 좋다. 플라스틱을 통째로 찜 쪄 먹을 이 기특한 물건 같으니라고. 더군다나 실리콘의 원료는 많디많은 모래에서 나온다. 부엌 용품 코너에는 어김없이 '실리콘=친환경'이 붙어있다. 나는 신나서 실리콘 제품을 사다 쟁였다. 망원시장에서 갓 나온 두부를 실리콘 용기에 담을 때의 쾌감이란. 좀 비싸지만 실리콘 업체는 내 돈을 가져갈 자격이 된다고 생각했다.

바이오 플라스틱, 정말 '친환경'일까?

　　　　　　알고 보니 실리콘silicone은 내가 아는 실리콘silicon이 아니었다. 나는 영단어 끝에 'e'가 있든 없든 실리콘은 실리콘인 줄 알았다. 아니다! 실리콘silicon은 천연재료로 원소기호 'Si'로 표시되는 규소를 뜻한다. 이와 달리 실리콘silicone은 규소에 화학 공정을 더해 만든 인공 화합물이다. 통상적으로 생활용품에 쓰이는 실리콘은 바로 이 화학물질이었다. 망했네, 망했어.

재활용 여부를 찾아보니 역시나 재활용이 안 된다. 그래서 분리수거함 말고 종량제봉투에 버려야 하는데 실리콘 역시 '반 합성 물질'이므로 쉽게 썩지 않는다. 고로 나는 지금 쓰는 실리콘 생리컵과 실리콘 용기를 수명이 다할 때까지 열심히 사용할 작정이다. 100퍼센트 대안은 아니지만 편리하면서도 계속 쓸 수 있어 일회용품 대용에 딱 좋다. 하지만 이제 실리콘을 궁극의 친환경 물건으로 칭송하지는 않는다. 맘껏 실리콘 휴대폰 케이스를 사던 호시절이여, 이제는 안녕.

여기저기 봄날 새순처럼 돋아나는 플라스틱의 대안은 실리콘을 닮았다. 그럴싸한데 자세히 뜯어보면 그게 최선일까, 되묻게 된다. 플라스틱 이슈가 뜨면서 석유화학 원료 대신 옥수수 사탕수수 등의 원료를 활용한 식물성 플라스틱과 6개월 내에 분해되는 생분해 플라스틱이 뜨고 있다. '식물성 플라스틱=생분해'일 것 같지만 실상 그렇지 않다.

엄밀히 말해 둘은 다른 종류다. 생분해는 일정 기간 내 물과 이산화탄소로 분해된다는 의미인데, 석유계도 분해 촉진제와 미생물 등 기술을 적용해 생분해가 가능하다. 반면 식물성 플라스틱은 사탕수수와 옥수수 등 바이오 원료를 사용했다는 의미일 뿐 생분해되지 않는 종류도 있다. 생분해는 비교적 이른 시일 내에 분해된다는 점, 식물성은 석유 대신 바이오 원료를 이용해 탄소 배출을 줄인다는 점에서 친환경이나 그린 플라스틱으로 불린다.

나는 인도의 한 스타벅스에서 빨대는 물론 종이컵 뚜껑까지 생분해 플라스틱으로 싹 갈아치운 것을 보고 놀랐다. 내가 묵던 싸구려 게스트하우스의 검정 쓰레기봉투에도 생분해라고 적혀 있었다. 인도가 우리보다 빠르게 친환경 플라스틱을 쓴다니 부럽기도 하고 진 기분도 들었다. 그런데 과연 생분해 플라스틱이 진짜 친환경일까 궁금해졌다. 철석같이 믿던 실리콘에 조금은 배신당한 후였다.

친환경으로 불리는 바이오 플라스틱은 크게 세 종류이다. 생분해 플라스틱, 산화생분해 플라스틱, 바이오 베이스 플라스틱. 생분해 플라스틱(인증 마크: EL 724)은 일정 조건 아래 6개월 동안 90퍼센트 이상 분해되는 플라스틱을 뜻한다. 생분해 플라스틱 기술은 빠르게 발달하고 있으나 아직 가격이 비싸고 기존 플라스틱만큼 질기지 않아 대체로 석유계를 못 따라간다. 구구절절 반복하지만 억겁의 에너지를 응축한 석유는 너무나 판타스틱해서 석유화학제품이 뜨면 다른 물질은 뒷방으로 밀려나 버린다. 하지만 석유계 플라스틱은 생분해가 된다고 해도 원료 고갈이나 유해성 온실가스 문제를 풀지 못한다.

산화생분해 플라스틱(인증 마크: OXO)은 기존 플라스틱에 바이오 원료, 생분해 촉진제, 산화제 등을 섞어 빠르게 분해되도록 만든 플라스틱이다. 그런데 생분해 내구성 등의 문제로 미국 유럽 등에서 공식적으로 친환경 인증에서 제외하는 추세이니 우리도 산화생분해는 친환경에서 제외시키자.

바이오 베이스 플라스틱(인증 마크: EL 727)은 바이오 원료와 기존 플라스틱을 섞어 만든 플라스틱이다. 생분해 식물성 플라스틱이 50~70퍼센트 이상 식물성 원료를 사용한 반면 바이오 베이스 플라스틱은 20~25퍼센트 이상 바이오 원료를 쓰고 나머지는 석유화학 물질을 쓴다. 따라서 바이오 베이스 플라스틱은 애당초 생분해와는 관련이 없다. 대신 석유화학 원료를 덜 사용한 만큼 이산화탄소를 덜 배출한다는 장점을 내세운다.

다만 썩지 않으므로 플라스틱 의자, 양치 컵, 도마 등 다회용 플라스틱을 대체할 때만 의미가 있다. 그런데 시중에선 '친환경' 혹은 '생분해'를 내세워 바이오 베이스 플라스틱 제품으로 속 비닐이나 빨대나 비닐장갑 같은 일회용품을 판매한다. 오오, 사람들을 착각하게 만드는 가짜 친환경이다. 탄소는 덜 나오지만 플라스틱처럼 썩지 않는다. 궁극적으로 일회용품의 사용을 줄이는 길만이 친환경이다.

현재 바이오 베이스 플라스틱은 친환경을 달고 페트병에서 자동차 분야까지 쑥쑥 성장하고 있다. 또한 먹을 거로 장난친다는 비난을 피하기 위해 볏짚·왕겨·옥수수·사탕수수 줄기와 껍질처럼 먹을 수 없는 식물 부산물을 활용한다. 현재 스코어상 시장을 선점한 승자다.

바이오 플라스틱 시장에서 바이오 베이스 플라스틱은 75퍼센트를 차지하며, 전체 플라스틱 시장에서 생분해 플라스틱은 불과 1퍼센트를 차지한다. 따라서 친환경, 바이오, 식물성 딱지가 붙은 플라스틱에 무턱대고 '생분해가 되겠지, 미세플라스틱 걱정 없이 써도 되겠지'라며 쉽게 위로받아서는 안 된다.

바이오 플라스틱의 종류 및 특징★

종류	바이오 플라스틱			
	생분해		산화 생분해	바이오 베이스
	천연물계	석유계		
바이오 원료 함량	50~70퍼센트 이상	해당 없음	해당 없음	20~25퍼센트 이상
플라스틱 종류	PLA, TPS, PHA, AP, CA 등	PBS, PES, PBAT, PCL 등	Oxo bio-PP, Oxo bio-PE 등 (앞에 옥소Oxo가 붙어 있음)	Bio-PP,Bio-PE,Bio-PET 등 (앞에 바이오Bio가 붙어 있음)
분해 방법	미생물 분해		산화 분해 후 미생물 분해	해당 없음
생분해기간	6개월 90퍼센트 이상		6개월 60퍼센트 이상	해당 없음

신기술만으로는
지구를 구원하지 못한다

바이오 플라스틱의 문제는 크게 3가지이다. 첫째, 실제 환경에선 생분해가 90퍼센트 이상 일어나지 않는다는 점이다. 나 역시 플라스틱의 대안을 쫓아 옥수수 전분 플라스틱 물건을 만든 적이 있다. 알맹@망원시장 팀이 버려진 플라스틱을 재활용하여 물건을 만드는 '프래그랩(prag-lab.com)'과 협업해 플라스틱 병뚜껑으로 지역 화폐 동전을 찍어냈다. 장바구니와 용기를 사용하는 기특한 손님들에게 현금처럼 쓸 수 있는 재활용 동전을 주기 위해서였다. 3D 프린터를 이용해 옥수수로 만든 폴리락트산PLA 동전을 샘플로 제작했는데, 6개월 안에 썩기는 개뿔. 지금까지 색 하나 변하지 않고 생생하다. PLA는 생분해 인증을 받은 대표적인 바이오 플라스틱인데 말이다.

우리 집 양치 컵도 PLA 컵이지만 10년 동안 잘 쓰고 있다. 다시 말해 진정한 생분해가 아니란 뜻이다. 생분해 인증의 조건은 약 60도에서 6개월 이내 90퍼센트 이상 생분해되는 것이다. 아무리 더운 날도 40도를 조금 넘는 수준인 일반 환경에서는 분해가 되지 않는다. 특히 생분해 제품이 수온이 낮은 바다에 흘러들면 생분해는 천년만년 헛된 꿈이로다.

생분해 조건인 60도는 퇴비화 공정에서 음식물 쓰레기 같은 유기물을 발효시키는 온도다. 만약 생분해 플라스틱을 따로 수거해 음식물 쓰레기 처리시설에서 퇴비화한다면? 음식물 쓰레기는 3개월 내에 처리해서 퇴비나 가축 사료를 만든다. 생분해 플라스틱의 경우 분해되는 데 6개월의 시간이 필요하므로 일부만 분해되거나 입자만 쪼개질 수 있다. 미세플라스틱의 탄생이다. 더군다나 생분해 플라스틱은 기존 플라스틱과 섞이면 재활용이 안 되므로 종량제 쓰레기통에 버려야 한다. 결국 썩지 않고 소각될 뿐이다.

둘째, 플라스틱 원료 공급의 문제다. 옥수수 플라스틱PLA은 유전자 변형 작물GMO로 재배될 가능성이 크다. 세계 최대 유전자 변형 곡물 공급업체인 카길Cargill의 자회사NatureWorks가 세계 최대의 PLA 생산업체란 사실이 께름칙하다. 거대 유전자 조작 기업들은 사람이 먹을 용도가 아닌 플라스틱 프리라는 명분을 내세워 유전자 조작 작물 재배지를 확대할 수도 있다.

실제 생분해도 안되는데 유전자 변형 작물만 널리 이롭게 한다면 이런 '대안'이 무슨 소용일까. 정화수 떠놓는 심정으로 생분해 플라스틱이 나오길 오매불망 기다리지만 이런 방식을 대안이라곤 못 하겠다. 게다가 일회용품 사용량은 그대로인 상태로 이 원료를 석유가 아닌 곡물로 대체한다면 아마 지구가 6개 정도 더 있거나 농사를 지을 다른 행성이 필요할 거다. 플라스틱의 시작은 상아, 금속, 목재 등 천연자원을 대체하기 위해서였고 실제로 엄청나게 많은 동식물을 구하는 효과가 있었다. 현재 너무 함부로 써서 문제인데, 원인은 그대로 두고 다시 천연자원으로 돌아간다면 진정한 의미의 해결이 아니다.

셋째, 유해한 첨가제의 문제다. 친환경 플라스틱을 만드는 과정에도 환경호르몬 중금속 등의 유해물질이 첨가될 수 있다. 예를 들어

플라스틱 사용을 줄이기 위해 종이 포장재를 많이 사용하는 추세인데 종이 포장재의 비닐 코팅에도 간혹 유해물질이 들어간다. 음식물의 수분과 기름으로부터 포장지를 보호하기 위해 과불화화합물이라는 잔류성 유해물질을 사용하는 경우가 나왔다. 2019년 미국에서 생분해 종이 포장재로 만든 퇴비에서 과불화화합물 검출 여부를 조사한 결과 모든 대상에서 해당 물질이 나왔다.★ 연구진은 생분해성 용기가 과불화화합물을 방출해 토양과 지하수를 오염시킬 수 있다고 우려했다.

해외 뉴스에서 폴리에틸렌을 먹어 소화시키는 애벌레를 보고 아드레날린이 마구마구 솟구친 적이 있다. 그런데 자세히 읽어보니 애벌레 100마리가 12시간 동안 98mg의 폴리에틸렌을 먹었단다. 응? 신용카드 하나의 무게가 대략 5g이니 애벌레 100마리가 고작 신용카드의 2%를 먹어 치운다는 말 아닌가. 2018년 환경부가 내놓은 국내 연간 1인당 플라스틱 소비량은 145.9kg으로, 1인당 쌀 소비량의 2배 이상이다. 그러니 이 많은 플라스틱을 생물에게 먹어치우라고 들이밀면 새로운 공장식 축산과 애벌레 '도륙'이 발생할 수밖에 없다. 게다가 재활용해서 폴리에틸렌으로 사용할 수 있는 소중한 원료를 일부러 애벌레 사료로 낭비할 이유도 없다.

바다 쓰레기를 손쉽게 수거하는 기술을 개발한 '오션 클린업'은 어떤가. 오션 클린업은 원형으로 순환하는 해류를 활용해 쓰레기가 모이는 부근에 거대한 울타리를 만들어 바다 쓰레기를 한꺼번에 수거한다. 지금껏 바다를 부유하는 쓰레기를 일일이 쫓아다니며 수거하는 데 어마어마한 돈과 시간이 들었다면 오션 클린업은 쓰레기가 모이는 곳에 잠복하다 주워 담는 방식이라 비용과 인력을 최소화할 수 있다. 실제로 성공한다면 10년 내에 태평양 쓰레기 섬의 절반은 청소할 수 있을 거란다. 하지만 이 방식으로도 이미 바다 아래 가라앉은 플라스틱이나 잘게 부서진 미세플라스틱은 수거가 불가능하다. 게다가 예상과 달리 바다로 나가 실패를 겪고 현재 수리 중이다. 생분해 플라스틱은 기존 플라스틱에 비해 약 3배 정도 비싸지만 기술력 향상과 대량생산이 뒷받침되고 플라스틱 규제가 강해진다면 현실적인 대안이 될 것이다. 사람들은 지금처럼 한 번 쓰고 버리는 삶의 방식을 쉽게 포기하지 않을 테니 말이다.

나 역시 땅에 묻으면 6개월 안에 썩는 포장재나 랍스터 껍질의 키토산을 활용해 기존 비닐봉지만큼 질기면서도 생분해가 되는 제품을 보면 토닥토닥 껴안아 주고 싶다. 하지만 비용이 많이 든다는 사실은 그만큼 더 많은 에너지와 기술력이 투입된다는 뜻이다. 이를테면 종이 쇼핑백이 비닐봉지보다 비싼 이유는 종이 쇼핑백에 들어간 자원이 더 많기 때문이다. 분해된다는 장점을 빼면 종이 쇼핑백을 한 번만 쓰고 버릴 경우 비닐봉지보다 더 많은 자원을 낭비한다.

서울 연희동의 일회용품 없는 카페 '보틀팩토리'는 기증받은 텀블러를 세척해 텀블러 대여 서비스를 한다. 내가 활동하는 알맹 프로젝트는 에코백과 종이 백을 기부받아 망원시장과 동네 생협에서 순환시킨다. 쓰고 또 쓰려는 활동들이다. 친환경 행사에서 새 텀블러와 에코백을 공짜로 나눠주는 관행은 "고마해라, 마이 묵었다." 하고 거절할 때가 되었다. 쓰지도 않는 수많은 텀블러와 에코백을 집에 쟁여놓는 행동이 오히려 반환경적이다.

말할수록 이래도 안 되고 저래도 안 된다고 사사건건 어깃장을 놓는 사람처럼 느껴진다. 하지만 석유화학 문명의 온갖 편리함과 모순을 상징하는 플라스틱이라는 복잡한 문제를 생분해 한 방으로 풀 수는 없다. 기술 혁신과 신소재 개발만으로 해결될 문제라면 지금 이 지경이 되지도 않았을 거다. 영화 〈설국열차〉에서 지구가 꽁꽁 얼어버린 이유는 인간이 기후변화를 일으킨 온실가스를 포집하는 신기술을 맹신했기 때문이다.

"지금처럼 일회용 플라스틱을 쓰고 버리면서 기술로만 해결하려는 태도는 물이 넘치는 욕조에 수도꼭지를 계속 틀어둔 채 바가지로 물만 떠내는 꼴입니다. 먼저 수도꼭지를 잠가야만 합니다."

플라스틱 먹는 벌레가 아니라 플라스틱 사용을 줄이는 데 집중하라는 해양 생물학자 트레이시 민서의 일침에 물개 박수를 친다. 한 번 쓰고 버리는 일회용 문화 자체를 일회용품처럼 쉽게 내버릴 수 있다면.

플라스틱의 대안은 레트로 라이프 스타일

언젠가 완벽한 생분해와 재활용 기술이 문제를 해결해 주리란 기대는, 가까운 미래에 유전자 조작 기술로 늙지도 죽지도 않을 거라고 믿는 것과 같다. 노화를 멈추는 유전자 조작 기술이 나오기 전에 우린 늙을 거고, 플라스틱 문제를 해결할 방안이 나오기 전에 지구가 망해버릴지도 모른다. 재활용과 생분해는 매립과 소각을 피하기 위한 마지막 단계에 속한다.

진정한 대안은 최대한 쓰레기를 만들지 않는 사회적 시스템을 작동시키는 거다. 100퍼센트 완벽한 제로 웨이스트를 하자는 게 아니다. 고등어나 돼지고기 포장에는 일회용 생분해 봉투를 쓰더라도, 바나나와 브로콜리까지 포장해 놓을 필요는 없지 않나. 이 관행을 열렬히 뜯어고치면서 신기술을 적용하자. 최대한 일회용에 앞서 다회용을, 재활용에 앞서 재사용 시스템을 먼저 구축하고 볼 일이다. 더 좋은 대안과 근본적인 해결책을 지나쳐 한 번 쓰고 버리는 문화를 그대로 유지하려고 들면, 에디슨 할아버지가 생분해 기술을 발명한다 해도 플라스틱의 미래는 없다. 아니, 플라스틱이 아니라 우리 미래가 없다.

플라스틱의 대안은 어쩌면 '오래된 미래'에 있지 않을까. 2018년 인도의 한 시골 마을에 머물던 나는 놀라운 광경을 보았다. 근처에서 목장을 운영하는 동네 농부가 오토바이에서 통을 꺼내 숙소 앞에 놓인 유리병에 우유를 따랐다. 맨발로 뛰어나가 배달이냐고 묻자 호들갑이라는 듯 내 텀블러에도 우유를 조금 따라 주었다. 목장에서 갓 짜낸 신선함이 식도를 타고 위장으로 흘러내리던 상쾌함이라니, 나는 황홀경에 빠져 우유 광고 속 표정을 지었다. 케냐에 갔더니 슈퍼마다 우유 자판기가 있어 원하는 무게만큼 본인 용기에 사 갈 수 있었다. 생각해보니 어릴 때만 해도 재사용 유리병에 담긴 우유가 집으로 배달되었다. 클래식이자 레트로의 상징이 된 '서울우유' 유리병을 기억하는지. 유리병을 사용하면 몸에도 좋고 쓰레기도 안 나오고 재활용도 가능하다.

이제 머나먼 뒤안길로 밀려났던 재사용 체계와 문화가 도래하고 있다. 재활용 전문 기업 테라사이클은 펩시 네슬레 유니레버 등 25개의 세계적 브랜드와 함께 용기를 회수해 재사용하는 **루프**Loop 프로젝트를 시작했다. 소비자가 보증금을 내고 제품을 주문하면 각 제품은 스테인리스와 유리병에 배달된다. 소비자가 용기를 반납하면 보증금이 반환되고 용기는 세척 후 재사용된다.

스테인리스 용기에 담긴 하겐다즈 아이스크림과 피앤지 샴푸를 봤을 때의 내 심정은 감격해 우는 복숭아 캐릭터 이모티콘으로 대신한다. 테라사이클뿐 아니다. 미국의 다사니 퓨어필DASANI PureFill은 생수 및 음료수 리필 자판기를 거리에 설치한다. 블루랜드Blue Land 리플레니쉬Replenish 스플리쉬Splosh 등은 재사용 용기에 물만 부어 녹여 쓰는 알약 형태의 세제를 판매한다. 코지CoZie는 화장품을 리필하는 대용량 자판기를 프랑스 곳곳에 설치하고 재사용 용기를 세척해 제공한다. 국내에서는 '트래쉬버스터즈'가 영화관, 행사장, 장례식장 등 일회용품이 우수수 버려지는 곳에서 다회용기를 대여하고 세척해서 관리하는 서비스를 시작했다. 나는 2021년 서울역 옥상정원에 알맹상점 2호점인 테이크아웃 카페를 열었는데, 트래쉬버스터즈의 일회용품 대체 서비스 덕분에 일회용 컵도 사용하지 않고 설거지도 안 한다. 다회용 컵을 내놓으면 위생 처리된 다회용 컵이 도착한다.

온라인 쇼핑과 택배업계에도 재사용 모델이 나오고 있다. 중국의 전자유통업체 쑤닝이거우는 1,000번 정도 재사용이 가능한 플라스틱 공유 택배 상자를 제작하여 순환시킬 예정이다. 핀란드의 페루

스테Peruste는 소비자가 튼튼하게 제작된 택배 봉투를 쓰고 우체통에 반납하면 보증금을 돌려주는 **리팩**RePack 서비스를 시작했다. 국내에서도 헬로네이처, 신세계 쇼핑, 쿠팡에서 신선 제품 배송에 재사용 박스를 사용하고 있다. 일회용 플라스틱 물건을 사용하지 않고 재사용 물건을 순환시키는 오래된 미래이자 '뉴트로'의 실현이다. 새로운 시대는 물질이 꼬리에 꼬리를 물어 쓸모의 순환을 이루며 쓰레기가 되는 삶을 원천 봉쇄하는 데 달렸다.

이 순환 체계를 이해하기 위해 쓰레기 없는 삶을 실천해온 비 존슨이 강조한 **5R**을 알아보자. 5R은 **거절하기**Refuse **줄이기**Reduce **재사용**Reuse **재활용**Recycle **썩히기**Rot로 구성된다. 안 쓰는 물건을 거절하는 것만으로도 물건 다이어트에 성공할 수 있다. 불필요한 사은품, 읽지도 않고 버리는 우편물, 취향이 아닌 선물 등을 거절하면 쓰레기가 줄고 삶은 소박해진다. "미안하지만 안 쓸 것 같아서요" "우편물 대신 이메일 뉴스레터로 볼게요" "고맙습니다만 이미 집에 있어요"라고 정중하게 거절하거나, 거절하기 곤란하다면 다정한 마음만 접수하고 물건은 필요한 사람이나 중고 가게에 기증한다. 주는 물건 거절하는 태도를 무례하게 여기는 한국적 정서는 잠시 뒤로 하고 미니멀리즘의 고수로 거듭나보자.

하지만 아예 거절할 여지가 없는 강력한 상대는 어쩌란 말이냐. 가령 두유 포장재에 붙은 빨대라든가 플라스틱 박스에 든 명함, 세탁소에 맡긴 옷에 씌워진 비닐 같은 것. 음료수 팩에 달린 일회용 빨대를 모으고 모아 카페와 유치원에 가져갔지만 재사용을 거절당한 글을 읽은 적 있다. 종이 영수증을 거절해봤자 바로 눈앞에서 영수증을 출력해 쓰레기통에 버린다. 개인적 차원의 거절을 넘어 생산과 유통 차원에서 폐기물을 줄이는 사회적 제도가 필요한 이유다. 빨대 없이도 입 대고 마실 수 있는 음료수 포장, 필요한 사람에게만 전자 영수증을 전송하는 포스기 등 쓰레기를 만들지 않는 문화가 자리 잡아야 한다. 나는 개인을 넘어 사회적 차원의 거절을 요구한다.

거절하기와 줄이기에 이어 재사용도 있다. 재사용과 재활용은 언뜻 자원을 다시 이용하는 활동으로 똑같아 보이지만 엄연히 다른 개념이다. 재활용은 폐기물을 처리해 원료를 만들어 새로운 제품의 재료로 쓰는 것이고, 재사용은 사용된 제품을 그대로 다시 사용하는 것을 뜻한다. 재사용은 새로운 자원이나 큰 에너지를 쓰지 않고도 필요한 물건이 계속 사용되는 궁극의 친환경 고수다.

다회용을 생산하고 세척하고 관리하는 데 쓰는 에너지를 생각하면 오히려 일회용이 더 친환경적인 거 아닐까? 아니다. 다회용품은 무조건 일회용품보다 친환경적이다. 단, 다회용의 정의에 맞게 재사용해야 그렇다. 예를 들어 일회용 기저귀는 천 기저귀에 비해 화석연료 사용량이 2.3배, 이산화탄소 발생량이 3배, 폐기물의 양은 10.2배나 더 많다.★ 머그잔 제작에는 종이컵보다 3배 정도 많은 에너지가 쓰이지만 수차례 사용 시 상쇄된다. 세척에 드는 물과 세제는 종이컵 제작할 때 에너지의 절반밖에 안 든다. 따라서 일회용품일지라도 여러 번 쓰면 환경에 도움이 된다. 한 번 쓰고 버리는 못된 습관 대신 일회용품도 여러 번 쓰는 자세로 물건을 아끼며 쓰고 또 쓰자.

재사용에는, 물건을 고치거나 용도를 수정해 다시 쓰는 수리 분야도 있다. 전자제품은 짧은 기간 내에 낡고 촌스럽게 만들어 새 물건을 사게 하는 '계획된 진부화'가 일어난다. 이에 맞서 매해 10월 셋째 주 토요일 '국제 수리의 날'이 열린다. 이날은 세계 곳곳에서 고장난 물건을 서로 수리해주고 수리법을 알려준다. 유럽에서는 '수리 카페'를 열어 일상적으로 물건을 고쳐 재사용하는 문화를 살려내고 있다. 미국에서는 애플과 삼성 같은 대기업이 순정부품과 수리 매뉴얼을 동네 전파상에 공급하는 '공정수리법' 법안이 상정된 바 있다.

이처럼 재사용을 위해서는 사회적 분위기와 제도가 뒷받침돼야 한다. 독일과 북유럽에서는 유리병은 물론이고 페트병에도 보증금제를 실시한다. 모든 음료수에 음료와 보증금 가격이 따로 적혀 있다. 페트병엔 최소한의 보증금이 정해져 있는 반면 유리병의 경우 기업이 자율적으로 보증금을 책정할 수 있다. 실제로 독일은 500㎖ 생수 값이 약 150원인데 페트병 보증금은 그보다 2배나 비싼 300원을 내야 한다. 반면 유리병 보증금은 페트병의 1/3 수준인 100원 정도였다. 비슷한 보증금제가 있는 덴마크에 교환학생을 다녀온 친구 아들이 증언한다. "기숙사에서 파티가 끝나자마자 애들이 페트병을 경쟁적으로 줍더라고요. 페트병 보증금이 제일 세거든요."

독일어로 환불을 의미하는 **판트**pfand **제도**는 이렇게 페트병을 회수하게 만들고, 기업이 재사용 유리병을 쓰도록 유도한다. 음료수 유리병 겉면에 자잘한 기스가 나있어 여러 번 사용했음을 쉽게 알아차릴 수 있다. 독일의 경우 유리병 재사용 횟수가 평균 40회 정도다. (한국 소주·맥주 병 평균 재사용 횟수는 약 8회다.)

핀란드에서는 음료병에 보증금제를 적용하지 않을 경우 포장세를 부과한다. '특정 음료 포장에 대한 소비세 의무법'에 따라 보증금제를 실시하지 않을 경우 5배 비싼 세금을 내야 한다.★ 핀란드의 유리병 재사용률은 약 90퍼센트다. 이 교훈을 이어받아 2018년 유럽연합은 최소 5퍼센트의 재사용을 의무화하는 포장재 지침을 마련했다.

재사용을 뛰어넘어 포장 자체를 없앤 '무포장'의 혁신도 선보인다. 네덜란드 유통회사 에오스타Eosta는 비닐봉지와 라벨을 없애기 위해 레이저 기술로 채소와 과일 표면에 직접 정보를 새긴다. 화장품 회사 러쉬는 포장이 필요 없는 샴푸 바, 파운데이션, 하이라이터 등 고체 화장품을 출시한다. 해초 혹은 타피오카나 쌀로 만들어 식용 가능한 일회용 스푼과 빨대도 있다. 뉴욕 베를린 방콕 발리 그리고 서울에도 쓰레기 없는 가게 '제로 웨이스트 샵'이 생겼다. 식재료·화장품·세제·플라스틱 프리를 실천할 대안용품까지, 생필품 대부분을 포장 없이 원하는 무게만큼 구입할 수 있다.

마지막으로, 썩히기는 음식물·머리카락·손발톱처럼 유기물을 퇴비화하는 과정이다. 나는 웬만한 음식물 쓰레기는 서울 한복판 우리 집에서 퇴비로 만든다. 음식물 쓰레기를 식품 건조 망에 말린 다음 음식물 쓰레기통에 음식물과 미생물 제재와 흙을 넣는다. 한 달 후 쓰레기통이 다 차면 흙을 더 넣어 화단에 묻는다. 3개월 후 음식물 쓰레기는 윤기가 자르르 도는 거름으로 변신한다. 나는 화단 한가운데서 '행복한 돼지'가 되어 코를 벌름거리며 향긋한 흙내를 빨아들인다. 이쯤 되면 자연의 신비에 젖어 미생물을 신으로 모시는 애니미즘의 신봉자가 될 수밖에.

하지만 음식물 쓰레기 묻을 곳을 찾기 힘든 대도시에서 쉽게 할 수 있는 방법은 아니다. 나도 몇 년 전 음식물 쓰레기 무단 투기자로 몰린 후 차가운 도시 여자 인생 처음으로 귀농을 고민했더랬다. 성향상 귀농은 안 되니 서울에 땅을 사고 말겠다며 결심했지만 곧 로또 맞지 않는 한 불가능한 일임을 깨닫고, 나를 오해한 동네 반장님께 '퇴비화'의 의미를 구구절절 설명하는 손 편지를 보냈다. 결과적으로 5년이 지난 지금까지 망원동 다세대 빌라에서 별일 없이 음식물 퇴비를 만들고 있다. 사랑도 퇴비도 역시 손 편지인가!

결국 플라스틱의 미래는 세 갈래로 요약된다. 쓰레기 제로, 재사용, 재활용. 일회용 플라스틱의 사용은 최대한 줄이면서 사회 전반에 재사용 체계를 구축한다. 그럼에도 발생한 플라스틱의 경우 뼛속까지 발라 먹는 자세로 재활용한다. 이에 더해 실제로 썩는 생분해 기술과 인프라를 발전시켜 플라스틱을 퇴비로 분해시킨다. 이 과정이 파전에 간장 보쌈에 김치처럼 쌍을 이뤄 맛깔나게 진행돼야 한다.

아직은 플라스틱처럼 싸고 가볍고 단단하고 효율적인 소재가 없다. 플라스틱은 역시나 판타스틱하다. 플라스틱의 미래를 이탈리아의 철학자이자 혁명가인 그람시식으로 말하자면 "옛것은 죽어가고 있으나 새것은 아직 태어나지 않은 상태"라고나 할까. 태어나지 않은 것의 운명이 우리에게 달려 있다.

플라스틱
프리가

페미니즘?

플라스틱의 미래는 앞서 말한 순환의 법칙 5R에만 달린 게 아니다. 우리 삶을 지배하는 뿌리 깊은 차별을 걷어내는 실천과도 통한다. 2017년 봄 내가 일했던 여성환경연대에서 생리대 유해물질 검출시험을 진행한 적이 있다. 시민단체가 감당하기에는 시험비가 부담되어 시장에서 잘 팔리는 순위를 고려해 조사대상 10개를 선정했다. 아는 생리대라곤 고작 몇몇 브랜드가 다였던 지라 생소한 이름이 많았다. 흡사 정치인이 버스 요금이 얼마인지 모르다가 청문회에서 질문을 받고 당황한 상황이랄까. 그도 그럴 것이 나로 말하자면 약 15년 전 일회용 생리대를 써본 경험이 마지막이다. 대안 생리대를 알게 된 후론 면 생리대와 생리컵만을 사용해왔다. 지금껏 아낀 돈과 쓰레기만 쳐도 대안 생리대는 내 인생의 공로상을 받아야 할 원조 플라스틱 프리 물건이다.

생리대 검출 시험을 하면서 비교군으로 면 생리대를 포함시켰는데, 이럴 수가! 시판되는 면 생리대에서도 일회용 생리대에서 검출된 휘발성 유기화합물VOCs이라는 유해물질이 비슷하거나 더 높은 수준으로 나왔다. 제조 과정에서 오염됐는지 방수 천의 코팅에서 나온 건지 확인할 순 없었다. 그렇다고 해도 사용자 입장에선 면 생리대가 훨씬 안전하다. 빨아서 계속 쓰기 때문이다. 제품 개봉 후 단 한 번만 삶아도 96퍼센트 이상 휘발성 유기화합물이 제거된다.

'생리대 파동'이 터졌을 땐 재고가 없어서 못 살 만큼 면 생리대가 불티나게 팔렸다. 이는 면 생리대 사용 후 생리통이나 분비물이 줄었다는 일부 여성들의 '간증'에서도 증명된다. 그동안 여성들의 경험은 가짜 약인 줄 모르고 기분에 사로잡혀 약효가 있다고 믿는 플라시보 효과쯤으로 치부됐다. 하지만 생리대 사태 이후 "내 몸이 증거다."라고 외치는 목소리에 진지하게 귀 기울이고 이를 과학적으로 규명하려는 흐름이 생겨났다.

내가 맨 먼저 사용한 대안 생리대는 면 생리대이다. 그러다 천연 스펀지인 해면으로 갈아탔는데 다리를 꼬거나 하반신에 힘을 주면 월경혈을 머금은 해면이 젖은 걸레 짜듯 몸속에서 짜인 사건이 벌어졌다. 이렇게 피바다를 몇 번 겪고서 해면을 사용하지 않게 됐다. 그러다 두 달간의 인도 여행을 앞두고 배낭에 면 생리대 10개를 꾸역꾸역 싸다 빼며 생각을 고쳐먹었다. 두툼한 생리대를 모아놓으니 두 달 내내 입을 여름옷 보따리랑 부피가 같더라. 나는 수십 장의 면 생리대를 서랍에 쟁여놓은 채 생애 첫 해외 직구로 생리컵을 구입했다.

내 몸을 알게 한 결정적 한 방,
생리컵

지금으로부터 15년 전에도 페미니스트들은 생리컵을 알음알음 전파하고 있었다. 특히 국내 최초로 여성의 건강과 월경권을 내세운 '피자매연대'는 다양한 대안 월경용품을 소개했다. 나는 그 홈페이지 게시판에서 깔때기처럼 생긴 생리컵을 처음 만났다.

사진으로 보는 생리컵은 헉, 아이 주먹만 해보였다. '저런 것을 질에 넣고 빼다니 차라리 콧구멍에 대파를 끼우고 말지'라고 생각했던가. 아무래도 실패할 것 같고 가격도 만만치 않아 외면했는데, 배낭 짐을 줄이자니 생리컵 외엔 방법이 없었다. 실물로 본 천연 고무 소재의 생리컵은 손가락 두 마디 크기에 깃털처럼 가벼웠다. 생리컵 덕에 홀쭉해진 짐을 쌀 수 있었다.

그 시절에는 지금처럼 다양한 생리컵 체험기나 상세한 정보가 많지 않았다. 초보인 나는 어거지로 생리컵을 우겨넣고 빼지 못해 한 시간씩 화장실에서 끙끙대곤 했다. 결국 생리컵을 쓸 엄두가 안 나 인도 현지에서 일회용 생리대를 샀다. 하지만 휴지 대신 물로 씻는 뒤처리 문화라 공중화장실에 쓰레기통이 없어서 난감했다. 다 쓴 생리대를 꾸역꾸역 가방에 넣고 다니다 길가에 방치된 쓰레기 더미에 몰래 버렸다. 쓰레기 무단투기라니!

어떻게든 생리컵에 몸을 적응시키기로 마음먹었다. 인도를 혼자 여행하는 깜냥으로 생리컵 하나 못 끼우랴. 나는 15년간 지렁이 연구에 매진한 다윈이라도 된 양 내 몸을 면밀히 들여다보고 이해하려 노력했다. 생리컵 때문에 처음으로 질의 경로가 비스듬히 기울어 있다는 사실을, 내 질 속에 손가락을 넣는 경험을 익혔다.

아이 분만 호흡법으로 알려진 라마즈 호흡을 하듯 몸에 긴장을 풀고 생리컵을 넣었다. 오, 하나도 안 아프잖아. 하지만 뺄 때는 공기를 빼지 않고 마구잡이로 끄집어내는 바람에 몹시 아팠다. 이런 것이 산고(?)였던가. 그나마 자주 교체하지 않아도 되어 고통을 참으며 인도 여행 내내 사용했다. 생리컵의 한쪽을 눌러 공기를 뺀 다음 천천히 생리컵을 꺼내는 방법을 터득하고는 기가 막혔다. 귓밥 파기만큼이나 쉽고 간단했던 것이다. 신이시여, 그 고통은 제 질 근육을 단련하기 위해 필요한 것이었나요.

생리컵 사용 15년 차, 지금은 불 꺼진 화장실에서도 5초 만에 생리컵을 넣고 빼는 고수가 됐다. 집 밖에 있는 화장실을 이용할 때는 텀블러에 수돗물을 담아 화장실 안에서 생리컵을 씻어 교체한다.

일단 익숙해지면 생리컵 착용감은 말 그대로 '프리덤'이다. 질 안에서 월경혈을 받기 때문에 끈끈한 혈이 질 밖으로 흐르는 축축한 느낌이 없다. 속옷 안이 햇빛에 잘 마른 보송보송한 빨래처럼 유지된다. 게다가 구입 후에는 한 푼도 안 들지, 세탁할 필요 없이 고무장갑처럼 탈탈 물기만 털어주면 되지, 잘 새지 않아 자주 갈아줄 필요 없지, 월경 때도 사우나나 수영장에 갈 수 있지, 세상 편하다. 지금 쓰는 천연 고무 생리컵도 5년 이상 사용한 제품이다.

사실 생리컵의 가장 큰 공로는 여성 스스로 자기 몸을 알게끔 강력한 동기를 제공한 점이다. 생리컵을 쓰려면 몸의 중심부를 알아야 하고, 많은 생리컵 중 어떤 종류가 내 몸에 맞는 '골든 컵'인지 찾아야 한다. 그 과정에서 많은 여성들은 자궁이 '아들을 담는 궁'이라는 사실에 깊은 '빡침'을 느낀다. 그리하여 자궁 대신 포유류의 암컷에서 수정란이 착상하여 분만 시까지 발육하는 기관이라는 뜻의 '포궁'을 사용하기 시작했다. 포궁은 국어사전에 버젓이 실린 단어인데 그동안 자궁에 밀려 죽은 말이 되었다. 생리컵을 통해 여성들은 자기 몸을 재조명하듯 포궁이란 단어를 살려낸다.

하지만 유의해야 할 점이 있다. 실리콘 생리컵의 경우 실록세인 Siloxane이라는 유해물질이, 천연고무 생리컵의 경우 알레르기를 일으키거나 니트로사민Nitrosamins이라는 발암물질이 검출될 가능성이 있다. 또 손을 깨끗이 씻지 않고 생리컵을 만지거나 너무 편해서 생리컵을 삽입한 사실을 잊고 12시간 이상 착용하면 몸에 좋지 않다.

다행히 아직까지 생리컵에서 나오는 유해물질과 그로 인한 건강 영향이 문제 된 적은 없다. 만약 내가 생리통이 심하고 생식 관련 질병을 자주 겪는다면 생리컵보다는 면 생리대를 썼을 것이다. 세탁이 귀찮지만 사실 안전성 면에서는 면 생리대가 좀 더 확실하다.

어쨌든 여성들이 더 안전하고 더 편리하고 더 다양한 월경용품을 요구하면서 근 50년 동안 꿈쩍도 안 하던 생리대 시장에 지각 변동이 생겼다. 와인 잔 브랜드보다 많은 듯한 생리컵 종류들, 면 생리대를 뛰어넘어 아예 입는 생리 팬티, 커버와 패드까지 제품 전체를 면으로 만든 생리대 등 더 편리하고 안전하다고 주장하는 제품이 쏟아져 나온다.

여기서 잠깐, 환경운동가인 나야 대안 생리대에 중독되었지만 편리함의 액면가로만 따지면 일회용 생리대를 따라갈 물건이 없다. 언젠가 한 인터넷 신문에, 지구도 살리고 생리통에도 좋다며 모두들 찬양하는 생리컵을 썼다가 가랑이와 손가락은 물론 욕실이 피범벅이 되었다는 글이 실렸다. 분명 그 경험은 과장이 아니다. 대안 생리대는 일회용 생리대에 비해 손이 많이 간다. 세탁기 돌릴 시간도 없는데 생리대까지 빨아 쓰라니.

일부 남성들은 일회용 생리대를 쓰는 여자들을 환경도 생각 안 하고 자기 편한 것만 찾는 사람 취급하기도 한다. 월경을 하고 싶다고 선택한 것도 아닌데 일회용 생리대 쓴다고 환경을 해치는 사람이 되다니. 아, 페미니즘과 환경운동은 조응할 수 없는 머나먼 당신이란 말인가.

환경운동은 안티 페미니즘이야?

뉴욕 한복판에서 환경 부담을 제로로 만드는 생활을 실험한 『노 임팩트 맨』의 파트너는 이렇게 고백한다. "이 프로젝트를 하면서 재미있는 일이 하나 있다면 우리 남편이 1950년대 주부로 변해가는 과정을 지켜보는 거야."

환경운동은 기본적으로 화석연료에서 뽑은 에너지와 플라스틱의 과도한 사용에 반대한다. 그 대안으로 에너지를 적게 사용하고 천연 소재를 사용하라는데, 간혹 문명을 거부하고 과거로 돌아가자는 거냐는 비판이 나온다.

여성들은 더 기가 차는 게, 가사 노동 분담이 쥐뿔도 안 되는 현실에서 가사 노동을 덜어준 일회용품 사용을 줄이자는 명제다. 가사 노동에 있어서 남자보다는 고양이 손이 낫고, 고양이 손보다는 일회용품이 더 낫다는 농담이 있다. 지구를 위해서 생리대도 빨아 쓰고 유기농 식재료로 집밥도 해 먹고 페트병에 붙은 라벨을 뜯어 분리배출하고. 한마디로 지금까지의 불평등한 가사 노동에 더해 조선시대로 돌아가자는 말로 들린다.

일회용 플라스틱을 줄이거나 제대로 분리수거하는 과정은 누군가의 노동을 필요로 한다. 이는 대개 설거지나 청소 같은 살림 영역이라 응당 '여성'적 노동으로 여겨진다. 회의 때 일회용 컵 대신 다회용 컵을 쓰면 결국 직급이 낮거나 비서직에 종사하는 여성들이 설거지하는 식이다.

알맹@망원시장 캠페인을 취재하러 온 일부 언론은 비닐봉지 대신 장바구니를 든 남자를 '여자 주부'로 바꿔달라고 요청한다. 그림이 안 나온단다. 장 보고 밥상 차리는 일을 남자가 하면 안 되는가? 폐지를 줍는 분을 보통 '폐지 줍는 노인'이나 '폐지 줍는 할머니'라고 하지, '폐지 줍는 할아버지'라고는 안 한다. 이처럼 일회용품 대신 여성들이 제 몸을 갈아 넣는 가욋일로만 지구가 지켜진다면 그런 지구를 지켜야만 할 이유가 무엇일까. 정작 환경오염을 저지르고 벌어들인 자본주의의 꿀을 빨아 먹는 주체는 여성보다는 남성일 가능성이 높다.

페미니즘이 환경운동을 불편하게 여기는 지점은 '어머니 지구'에서도 찾을 수 있다. 자신의 몸을 둘로 나눠 새로운 생명을 탄생시키는 '모성'은 무한한 사랑과 돌봄, 헌신의 대명사다. 그러나 어머니 지구란 단어는 생명을 낳는 재생산을 통해 여성과 자연을 동일시하면서 본래 여성이 돌봄과 양육에 적합하게 타고났다고 믿게 한다. 여성은 본래 평화를 좋아하고 환경적 감수성이 예민하며 관계 지향적이라는 '착각' 말이다. 이는 고인돌 캐던 시절이나 통용됐을 법한 생물학적 환원론과 다르지 않다. 이런 착각은 일회용 플라스틱을 몰아내고 지구를 살리는 노동을 또다시 여성에게 떠넘기는 사회 구조를 바꾸지도 못한다.

현실에는 다양한 스펙트럼의 모성이 존재한다. 육남매를 떡 팔아 키운 갖은 고생을 상징하는 모성이 있는가 하면, 해외로 입양되어 자란 후 뿌리를 찾으러 온 자식마저 외면하는 모성도 있다. 어머니 역시 실수하고 실패하고 이기적이기도 한 인간일 뿐이다. 하지만 어머니에 덧씌워진 지독한 모성 신화는 다 내어주고 들입다 사랑해주고 언제나 안식처가 되어주는 모성만을 내세운다.

이 모성 신화를 전 지구적 차원으로 확장시킨 단어가 바로 어머니 지구다. 어머니가 그러하듯 생명을 탄생시킨 지구는 늘 아무런 대가 없이 생명의 서식지가 되어주고 인간을 품어주는 대자연이다. 하지만 다양한 모성의 현현처럼 대자연 역시 한없이 베푸는 동시에 한없이 난폭하고 종잡을 수 없는 존재다.

일반적으로 여성이 남성보다 돌봄노동을 더 잘 수행하고 평화적이고 타인의 감정에 민감한 이유는 단순하다. 유명한 페미니즘 명제처럼 여성은 태어나는 것이 아니라 만들어지기 때문이다. 어려서부터 살림과 양육이 맡겨지고, 힘과 권력이 없으니 싸움을 피해 눈치 빠르게 윗사람(주로 남자)의 감정을 살펴야 살아남을 수 있었다.

우리는 다르게 살기로 했다 : 에코페미니즘

좀 더 깊게 들여다보면 여성과 지구를 안 보이는 존재로 만들고 그들의 몫을 빼앗는 가부장제와 자본주의의 연결점이 보인다. 1970년대에 등장한 일군의 페미니스트들은 여성과 자연이 착취되는 논리, 여성을 '자연'적인 존재로 고착화하는 성별 이분법에 주목했다. 이들은 페미니즘 시각으로 지구를 바라보는 에코페미니즘을 시작한다.

에코페미니즘은 여성과 자연이 남성과 문명보다 열등한 존재로 간주되어 왔음에 주목한다. 문명-자연, 이성-감성, 일과 노동-돌봄과 양육, 능동-수동, 남성-여성이 쌍을 맞추는 이분법을 벗어나면 자연스럽지 못한 비정상으로 취급받는다. 세상을 인지하는 사고의 틀 자체가 성별을 필두로 한 이분법에 갇혀있기 때문이다. 이 이분법은 나사와 볼트처럼 서로가 서로의 존재를 보완하는 이분법이 아니라 우등과 열등이 정해진 위계적 이분법이다.

우월한 남성과 문명은 '열등한' 여성과 자연을 지배하여 물질적 자원과 결과물을 제 것으로 취한다. 어머니 지구는 자식을 위해 모든 걸 희생하는 모성처럼 어떤 요구도 없이 제 안의 자원을 내어준다. 그것이 보편타당한 자연의 법칙이라고 말해져왔다. 이에 저항하거나 '왜'라고 묻는 자체가 자연스럽지 못하다고 여겨졌다.

이 세계는 '남성적' '여성적'으로 상징되는 위계적 이분법을 기반으로 모든 관습과 편견과 제도를 켜켜이 쌓아왔다. 우리는 색깔 말투

어법 취향 직업 걸음걸이 심지어 화성과 금성마저 남성과 여성에 맞춰 젠더적으로 받아들이는 감각을 가진 존재가 되었다. 하지만 에코페미니즘의 안경을 끼고 보면 여성과 자연의 눈으로 달리 보게 된다. 지구가 왜 어머니야? 아버지 지구는 없어? 살림이 왜 여성적 노동인데? 남자는 밥 안 먹고 집 없어도 살아? 왜 돌봄노동은 페이도 가치도 낮아? 왜 전업주부들이 논다고 해? 왜 아낌없이 주는 자연이야? 여성과 자연이 수동적이야?

여성과 자연을 착취하는 자본주의와 가부장제의 논리는 동일하다. 에코페미니즘은 자연에 대한 착취를 폐지하지 않는 한 여성 해방도 없고, 여성 해방 없이는 지구도 온전할 수 없다고 주장한다. "쓰레기 같은 모든 가부장적 일들에 대해 불관용 정책을 도입하자"는 영국 페미니스트 케이틀린 모란의 말에 물개 박수를 친다. 동시에 이 지구를 위해 대안을 만들어내는 주체가 여성들이 될 거라고 믿어 의심치 않는다. 생물학적 여성 말고 여성적 존재의 의미를 다시 묻는 사람들 말이다. 이분법을 뒤흔들며 넘나들고 보편적으로 여겨진 문법에 질문하고, 자신으로 존재하는 동시에 타인과 생명을 존중하는 삶의 방식을 만들어가는 새로운 시도들.

일회용 플라스틱과 쓰레기 문제를 자기 문제로 여기고 시간과 자원을 털어 활동하는 사람들 역시 대부분이 여성들이다. 『나는 쓰레기 없이 산다』의 비 존슨도, 뉴욕에 제로 웨이스트 샵을 차린 로렌 싱어도, 내가 활동하는 커뮤니티만 해도 여성이 많다. 플라스틱 프리와 제로 웨이스트 운동 판은 대개 '여탕'이고 소수의 전문가와 바다 쓰레기에 민감한 서퍼들의 경우에만 남자가 많다.

여성들은 가족을 돌보고 그에 필요한 물건과 서비스를 마련하는 재생산 노동을 도맡기에 생활형 환경운동과 맞닿아 있다. 자연스레 살림과 밀접한 관련이 있는 일회용 플라스틱, 쓰레기를 줄이는 삶, 생활용품 속 유해물질에 관심을 갖는다. 생활세계를 떠받치는 재생산 노동을 통해 몸과 생명의 순환, 자연에 가닿는 기회를 누린다.

들판에 뿌린 살충제 때문에 봄이 와도 새들이 울지 않는 『침묵의 봄』을 통해 DDT금지를 가져온 레이첼 카슨도, 인공 화학물질들이 호르몬 체계를 어떻게 저해하는지 밝혀 환경호르몬을 알린 『도둑맞은 미래』의 테오 콜본도 모두 여성이다. 이들은 여성 과학자가 희귀하던 시절에 유해 화학물질이 야생동물의 행동 이상, 생식 기능 손상, 새끼들의 죽음에 미치는 영향을 똑똑히 밝혔다. 또한 이들은 중립적이고 과학적이지 않다는 비난을 무릅쓰고 연구자의 위치를 벗어나 환경운동가로서 세상의 변화를 촉구했다.

그 대가로 레이첼 카슨은 화학회사와 언론의 엄한 공격을 받았는데 그저 여성이라는 이유로 행해진 인신공격이었다. 업계는 감히 과학을 잘 알지도 못하는 여성이 감정에 치우쳐 대중을 선동한다며 책 출간을 막으려 들었고, 비과학적이고 경험치에 불과한 이야기로 사실을 호도한다고 공격했다. 카슨 죽이기는 여성이 이성적이거나 과학적이지 않고 감정적이라는 고정관념을 손쉽게 차용했다. 이런 비난을 피하기 위해 카슨은 유방암 투병 사실을 비밀에 부쳤다. 자신의 병에 감정이입해서 중립적이고 객관적인 과학자의 태도를 버렸다는 항간의 비난을 피하고 싶었을 것이다.

경제학의 아버지로 불리는 애덤 스미스는 한평생 결혼하지 않고 모친과 살았다. 심지어 그가 관세 위원으로 에든버러로 발령받자 어머니가 따라갈 정도였다. 아마 고전 반열에 든 『국부론』을 집필할 때도 어머니가 그의 밥상을 차렸을 테다. 그는 이기심에 근거한 '보이지 않는 손'이 농부 제분업자 빵집 주인 등을 움직여 우리의 일용할 양식을 마련해준다고 했다. 그런데 정작 밥상을 차려준 그의 어머니와 밀을 키워 준 자연(토양)은 경제학에서 쏙 뺐다. 모친의 노고는 자식에 대한 사랑이고 밀이 자라난 자연은 응당 인간을 위해 존재하는 배경으로 여겼기 때문일 거다. 그래서 여성과 자연은 핵심적인 역할을 하고도 주류 경제학에 단 한 줄도 오르지 못했다.

이러한 관행에 맞서 페미니즘은 가사 노동과 재생산 노동이란 단어로 여성들의 일을 실체화하고, 이를 계산해 경제적 가치를 확인시켰다. 나아가 에코페미니즘은 여성의 노동을 넘어 자연의 가치를 드러내는 더 담대한 주제다. 씨앗 공기 물 햇빛이 받쳐주어야 쌀과 밀이 자란다. 우리 중 누구도 탄소·수소·산소·햇빛·석유·석탄을 만들어내지 않았고, 만들어낼 수도 없다. 오랜 시간을 거친 지구 덕에 선물처럼 누리는 산물이다. 우리가 할 일은 그 자연을 다음 세대에게 고스란히 전달하는 것이다. 에코페미니즘은 위계적인 이분법 아래 주목받지 못했던 문제를 비춘다. 이분법을 해체하여 세상을 다르게 보는 감각을 일깨운다.

장바구니를 든
남자의 맞살림

　　나는 페미니즘으로 세상을 바꾸는 방향은 양 갈래 길이라고 생각한다. 하나는 맞벌이, 또 하나는 '맞살림'. 맞벌이는 여성도 임금노동을 하고, 남성과 동일한 기회와 지위를 누리며 '남성적' 세계를 남성과 동등하게 나눠 가지는 방향이다. 반면 맞살림은 가치 절하된 재생산 노동과 자연의 가치를 복원하고 성별에 상관없이 누구나 그 일을 평등하게 나누고 누리는 거다.

　　맞벌이는 익숙하지만 맞살림은 어색하다. 맞벌이는 사전에 실린 공식 단어지만 맞살림은 인터넷에서 떠도는 말이다. 우리 사회가 오로지 맞벌이의 방향, 즉 남성적 세계를 세상의 전부로 보고 내달렸기 때문이다. 생활을 유지하는 누구나 자신의 살림을 수행하고, 서로 돌보는 관계를 삶의 중심에 놓는 실천이 맞살림의 의의다. 이를 '여성적' 세계라고 한다면 나는 남성적 세계를 여성적 세계 위에 놓지 말라고 어깃장을 놓겠다. 남자든 여자든 천 기저귀를 빨고 장을 보고 분리수거하는 일을 중요하게 여기는 사회를 원한다. 여기, 삶의 기반을 떠받치는 여성과 자연의 세계가 놓여있다.

　　여성학자 정희진은 성별분업이라도 제대로 지켜졌다면 여성들이 지금처럼 공사 영역에서 중노동을 하진 않았을 거라고 일갈한다. 한국 여성들은 맞벌이를 해도 남성 임금의 70퍼센트 이하를 받고, 집에서는 남성보다 4배 더 많은 가사 노동을 한다. 남성보다 여성이 임금을 더 적게 버니까 가사 노동과 양육을 더 해야 하고, 일터에서 여성은 어차피 집안일과 아이가 우선이므로 일에 매진하는 남성보다 임금이 낮을 수밖에 없다고 한다. 카드 돌려 막기도 아니고 성차별을 빙빙 돌려 여성에게 책임을 돌리는 모습이 치사하다.

페미니즘이 꿈꾸는 새로운 세상은 여성들이 남성적 세계를 양분해서 절반을 차지하는 세계가 아니다. 지금까지의 성평등은 주로 남성이 여성과 같아지는 것이 아니라 여성이 남성과 같아지는 방향으로 진행되었다. 페미니즘의 방향에 대한 정희진의 결론이다.

"여성의 사회 진출이 양성평등은 아니다. (…) 평등한 세계에 대한 대안적 사고가 가능해지고 발상의 전환이 이루어져야 한다. 그중 하나가 돌봄노동이든, 자연에 대한 새로운 관점이든, 평등보다 책임감으로의 여성주의 윤리의 전환이든 다른 세계가 기준이 되어야 한다."★

맞다. 우린 다른 세계의 기준을 만들어야 한다. 에코페미니즘 연구자 황주영은 "나는 자취 생활 십 몇 년 만에 가사 노동이 자기 자신의 생활을 책임성 있게 돌보게 하며 일상의 스타일을 상당 부분 결정한다는 것을 알게 됐다. 그런 일을 하지 않는 대다수의 남성이 왜 일반적으로 여성보다 더 많이 자연으로부터, 자신의 몸으로부터, 자신을 둘러싼 관계들로부터 단절되어 있는지를 체험적으로 이해하게 됐다"고 고백한다.★

흔히 쓰이는 검정 비닐봉지는 살림하는 남자를 향한 사회의 그릇된 시선을 보여준다. 상인들은 콩나물이나 두부 등을 투명한 비닐봉지에 싸 주면 남자 손님들이 부끄러워해서 내용물이 안 보이게 검정 봉지를 줘야 한단다. 남자가 장을 보다니 모양 빠진다는 사회적 압력이 이토록 강하다. 비닐봉지를 쓰지 말자는 권유에 이런 생각지도 못한 답변이 확 치고 들어오자 더는 상인들을 설득하지 못했다. 맞살림으로 남성들을 끌어들이고 우리 사회 전반에 퍼진 성 역할 고정관념이 사라져야 플라스틱 문제가 해결되려나. 검정 비닐봉지만 해도 환경과 페미니즘이 칡넝쿨처럼 얽혀 있다.

우리나라는 다른 나라 시장들과 달리 이미 포장된 농산물이 참 많다. 낱개로 사고 담아주는 과정을 통해 상인과 손님이 관계를 쌓고, 일회용 플라스틱을 쓰지 않고, 먹을 만큼만 조금씩 구매하면 음식물을 버리지 않게 된다. 오히려 비닐봉지와 플라스틱이 관계를 단절시키고 분리수거와 음식물 쓰레기 처리를 떠넘기는 꼴이다.

나는 10년 동안 망원시장 근처에 살았지만 장바구니 들고 장을 보면서부터 각 가게의 이름을 알게 됐다. 그전에는 그저 모두 망원시장일 뿐이었다. 이젠 이 가게 이름이 무엇인지, 몇 년 동안 장사를 해왔는지, 무뚝뚝해 보이지만 비닐봉지 안 쓴다고 더 챙겨주는 츤데레 사장님이 누군지 알게 됐다. 이 소소한 생활의 기쁨을 성별에 상관없이 더 많은 사람이 누리면 좋겠다. 이제 우리에겐 여성을 자연에서 분리하는 힘이 아니라 남성과 문화를 자연에 접속시키는 역방향의 힘이 필요하다.

한편 가사 노동을 함께 나누다 보면 부담을 덜어줄 해결책도 나올 거다. 다회용 생리대와 기저귀를 세척해 배송해주는 사회적기업이나 다회용 그릇과 컵을 대여해 주는 서비스 같은. 살림 노동의 가치가 높이 매겨질 때 관련 기업들도 지속 가능한 운영을 할 수 있기 때문이다.

에코페미니즘이라고 조선시대로 타임슬립하란 법 있나. 페미니즘의 미래는 다회용 생리대를 착용하고 장바구니를 재사용하고 플라스틱 대신 자연에 더 가까이 가는 길이다. 그것이 가치 있는 행동으로 존중받고 쿨하게 여겨지는 사회가 이분법적 위계를 뒤집어엎는 새로운 세상이 아닐까. 세상 모든 것과 연결되어 내 삶과 사유를 통째로 바꿔낸 플라스틱 프리 만세.

- **판매처 정보** 로 표시된 부분은 저자의 공식 채널 **플라스틱 프리 플랫폼 pfree.me**에
  수록합니다. 바뀐 정보를 신속히 업데이트합니다.
- 집필 시점에 국내에서 구하기 힘든 제품은 해외 배송 업체 정보를 넣었습니다.
  앞으로 국내에서 구할 수 있는 제품이 많아지기를 바랍니다.
- 매뉴얼 정보는 저자가 직접 경험한 것, 국내 제로 웨이스트 실천러들에게 추천받은 것
  위주로 공유합니다. 그러므로 일부 오프라인 매장은 서울 위주로 작성되었습니다.

미니멀 라이프로 가는

플라스틱 프리 매뉴얼

- 일상 속 플라스틱 프리 실천법
- 이것만은 알아두세요! 분리배출 상식
- 탄소발자국을 줄이는 생활 속 환경 실천법
- 미니멀 라이프가 실현되는 기부 공간
- 공간 재활용! 버려진 공간에 숨을 불어넣다

일상 속 플라스틱 프리 실천법

"당신 자신이 스스로 이 세상에서 보고자 하는 그 변화가 되어야 한다."

비폭력 운동의 역사를 써 내려간 간디는 때나 사람을 기다려선 변화가 없다며, 일상에서 물레를 돌리고 꼬박 380km가 넘는 길을 걸었다. 자기 삶에서 바로 시작할 수 있는 실천, 누구나 함께 할 수 있는 직접행동이 비폭력 운동이 되어 변화의 물꼬를 텄다. 그의 수많은 어록 중 이 말이 절절하게 와닿는 이유다.

플라스틱 프리를 위해 뜯어고쳐야 하는 팔 할이 정부의 정책과 기업의 관행이다. 하지만 정책과 제도, 생산과 유통은 우리 손 밖에 있다. 또한 자신의 일상과 동떨어진 이야기만 하다 보면 가닿지도 않고 재미도 없고 붕 뜬 이야기처럼 느껴지기 쉽다. 즉 자기 삶에 기반하지 않고 옳은 말만 하다간 '꼰대' 되기 십상이다.

스스로 문제를 인식하고 자기 일로 받아들여야 제도를 뒤엎거나 기업을 비판하며 변화를 꾀할 수 있다. 『멋진 신세계』의 주인공 레니나는 너무 지당해서 밋밋한 이 말을 시적으로 표현했다.

"개인이 감동하면, 전체가 비틀거리게 돼요.
(When the individual feels, the community reels.)"

개인이 감동해서 진심을 밀어붙일 때 사회가 조금이나마 움직이게 된다. 그러니 내키는 만큼, 즐길 수 있는 만큼 후퇴하지 않고 꾸준히 밀고 나가는 실천을 통해 우리가 바라는 일상으로 변화되면 좋겠다. 그 과정에서 개별적인 선택 하나하나에 강박적으로 매달리며 스스로를 갉아먹지 말 것. 느긋한 마음으로 꾸준히 실행할 것. 그렇게 실천력 만렙을 찍어보자.

※ 쓰레기 제로의 삶을 세상에 널리 알린 책 『나는 쓰레기 없이 산다』는 가정 내 쓰레기를 줄이는 다섯 단계(5R)를 제시한다. 필요하지 않은 것은 거절하기(Refuse), 필요하며 거절할 수 없는 것은 줄이기(Reduce), 거절하거나 줄일 수 없는 것은 재사용하기(Reuse), 거절하거나 줄이거나 재사용할 수 없는 것은 재활용하기(Recycle), 그리고 남은 유기물은 퇴비화하기(Rot). 5R에 따라 플라스틱 프리에서 쓰레기 제로를 향한 생활 지침을 정리해보았다.

1. 주방 : 부엌살림과 장보기

원칙

❶ 일회용품은 거절하고 다회용품을 사용한다.
❷ 음식이 닿으므로 유해 가능성이 있는 재질은 가급적 사용을 줄인다.
　(PVC, 폴리스티렌, 폴리카보네이트, 테프론 코팅)
❸ 스테인리스, 유리, 도자기 ⇒ 생분해 플라스틱(EL 724 인증 제품) 혹은 실리콘
　⇒ 폴리에틸렌, 폴리프로필렌 ⇒ 페트 재질 순으로 사용한다.
❹ 가공식품 대신 신선식품 위주로 직접 요리해서 즐겁게 먹는다.

5R

하나. 거절하기(사용하지 않기)

- "비닐봉지는 필요하지 않아요"라고 말하기
　: 상인들 손이 빨라 재빨리 '어필' 하지 않으면 이미 비닐봉지에 담겨있다.
- 불필요한 사은품과 좋아하지 않는 시식용 음식 거절하기
　: 시식한다면 사용한 이쑤시개 하나를 계속 쓴다.
- 전통시장과 농부 마켓, 제로 웨이스트 샵에서 장보기
　: 용기와 장바구니를 가져가면 포장 없이 장 볼 수 있다.
- 비닐 롤백 대신 천 주머니에 식재료를 담고 라벨을 부착하기

- 미리 장 볼 계획을 세우고 반찬 생선 육류 등 젖은 음식물용 용기 챙기기
  : 용기를 담을 때는 바닥이 넓은 장바구니나 보자기가 좋다. 용기는 입구가 커
  야 담기 쉽다.
- 자주 들고 다니는 본인 용기에 무게를 써서 붙여놓기
- 일회용 젓가락, 스푼, 포크, 물티슈, 소스 등을 거절하기
  : 일회용품을 봉투에 넣어주므로 봉투 안을 확인하고 불필요한 물건을 꺼내
  반납한다.
- 카페에서 커피 원두 구매 시 담을 용기 가져가기
- 일회용 티백 대신 잎차를 차망에 우려 마시기
- 생수 구입하지 않기

둘. 줄이기 Reduce

- 자주 사용하지 않는 부엌살림 줄이기
  : 부엌 공간이 30퍼센트 정도 비어있어야 살림하기 편하다. 내 기준은 두 달에
  한 번 이하로 사용하는 제품은 처분하는 거다. 정리 후에는 '부엌용품 총량제'
  를 적용한다. 새 물건을 들인 만큼 기존 물건을 처분한다.
- 비닐랩, 크린백(롤백), 행주, 냅킨, 다시백, 키친타월 등 일회용품 사용 줄이기
  : 밀랍랩, 다회용 용기와 뚜껑, 면과 종이 행주, 삼베 다시백, 소창 손수건, 천 냅
  킨 등 빨아 쓰는 다회용품을 사용한다.
- 비닐 포장이 되지 않은 음식과 부엌 용품 선택하기
  : 빵이 나올 아침 시간에는 포장되기 전의 빵을 구입할 수 있다. 특히 행사나
  급식용으로 대량 구입 시에는 포장 전 미리 요청하고 천 주머니나 용기를 가
  져다 준다.
- 미세섬유가 떨어지는 아크릴 수세미 사용 줄이기
  : 삼베 수세미, 천연 수세미, 마끈으로 짠 수세미, 옥수수 재료로 만든 수세미
  등을 사용한다.
- 온라인 배송 대신 조금씩 자주 장보기
- 음식물 쓰레기 줄이기

: 유통기한이 짧은 식재료를 냉장고 앞쪽에 배치하고 위에 날짜를 적은 테이프를 붙여놓는다. 혹은 냉장고 문에 빨리 먹어야 할 식재료를 적어 놓는다. 기간 내 먹을 수 없다면 상하기 전에 냉동실로 옮기거나 주변에 나눠준다. 음식물 쓰레기가 줄어든다.

- 되도록 껍질째 먹기

: 농약이 걱정된다면 유기농이나 무농약 농산물을 구입하거나, 수돗물에 과일과 소다를 담아 싹싹 씻는다. 흐르는 물보다 받아둔 물에 씻는 것이 농약 제거에 효과적이다. 물 사용량도 준다.

- 가공식품 대신 1차 농산물 위주로 구입하기

: 냉동식품, 인스턴트식품은 포장재가 많이 나온다. 가공식품을 구입할 때는 즉석 식품점에서 조리한 음식을 본인 용기에 담아 구매한다.

- 건조식품 구매하기

: 불려서 요리하면 포장재를 줄일 수 있다.

- 온라인 쇼핑 시 식품별로 재포장하지 않게 메모 남기기

- 고무장갑 뒤집어 사용하기

: 고무장갑은 대개 한쪽이 먼저 구멍 난다. 구멍 난 고무장갑의 멀쩡한 짝들을 모아 하나를 뒤집어 쌍을 맞춰 사용한다.

셋. 재사용 *Reuse*

- 지퍼 백, 과자봉지 등을 씻어 재사용하기

: 비닐 포장지는 장 볼 때 쓸모가 많다. 빵 끈이나 고무줄을 가져가 입구를 고정하는 데 사용한다.

- 주변 가게에 재사용 여부를 물어보고 가져다주기

: 비닐봉지, 종이 쇼핑백, 보냉제(아이스팩)을 모아 전달한다.

- 원두 리필용 에스프레소 기계나 리필 캡슐 용기 사용하기

: 캡슐커피 기계에 호환되는 리필 캡슐 용기를 구입할 수 있다. 인터넷 검색창에 캡슐커피 브랜드와 '리필 캡슐'을 함께 치면 해당 제품이 뜬다.

- 소분 용기나 실리콘 얼음 트레이 사용하기

: 이유식, 다진 마늘, 밥, 채소, 육류 등을 소분해 얼릴 때 소분 전용 트레이나 용기를 사용한다.

- 꼬치나 이쑤시개 대신 다회용 포크와 스테인리스 꼬치 사용하기
  : 일회용 사용 시 대나무나 녹말 제품을 선택한다.
- 빈 병 보증금제 혹은 유리병 재사용 제품 선택하기
  : 한살림(생활협동조합)에서 유리병을 재사용하며 회수율이 점차 증가하고 있다. 재사용 용기는 사용 후 구입처에 반납한다. 국내산 맥주·소주 유리병 빈병 보증금제를 시행 중이다.
- 재사용 가게 이용하기
  : 마르쉐@ 도시농부 장터의 일부 가게에서 유리병을 재사용하며, 안내 부스에서 보냉제(아이스팩)와 종이 쇼핑백을 기부받아 재사용한다. 일부 온라인 식품 배송서비스 업체(헬로네이처 '더그린배송', 신세계 '알비백')는 스티로폼 박스 대신 재사용 배송 박스를 제공한다.
- 사용하지 않는 부엌용품 일회용품 등을 필요한 곳에 기부하기

넷. 재활용 Recycle

- 천 주머니 만들어 사용하기
  : 안 입는 티셔츠나 자투리천을 이용해 속 비닐을 대체할 주머니를 만들어 쓴다. 흙 묻은 당근이나 감자 등 채소 전용 주머니를 장만해 놓으면 흙만 털어 사용할 수 있어 편리하다.
- 다 쓴 행주는 작게 잘라 키친타월로 사용하기
- '진짜' 재활용 포장재 선택하기
  : 유리, 종이, 금속 포장재는 플라스틱보다 재활용이 잘 된다. 플라스틱 포장재 선택 시 재활용 등급제 중 최우수 및 우수 등급을 고른다.
- 쌀뜨물을 다양하게 활용하기
  : 쌀뜨물로 요리나 설거지한다.
- 채소와 과일 씻은 물, 마지막 헹굼 설거지 물을 모아 애벌 설거지에 사용하기
- 친환경 보냉제 사용하기

: 포장지는 분리배출 지침에 따라 재활용하거나 폐기한다. 친환경 보냉제나 재사용 보냉제를 사용하는 업체를 이용한다.

- 구멍 난 고무장갑을 가로로 잘라 고무줄 대용으로 사용하기

다섯. 퇴비화 Rot

- 음식물 쓰레기 건조하기

: 원두커피 찌꺼기와 채소, 과일 부산물 등을 말린다. 과일 껍질처럼 달콤한 냄새가 나는 음식물 쓰레기는 햇빛 건조기나 식품 건조 망에 말려야 벌레가 꼬이지 않는다. 장마철만 빼면 음식물 쓰레기 양을 절반 이상 줄일 수 있다.

- 염분기 있는 음식물은 음식물 종량제봉투에 넣거나 물에 씻어서 퇴비화하기

: 조금씩 나오는 음식물 쓰레기는 봉투째 냉동실에 얼려 보관한다.

- 지렁이 입양하기 : 지렁이가 채소와 과일을 잘 먹는다.

  - 낚시 가게에서 지렁이를 사 와 흙과 함께 화분에 넣는다.
  - 화분은 햇빛이 들지 않는 그늘지고 신선한 곳에 둔다.
  - 채소, 과일을 썰어 조금씩 화분에 넣는다.

- 음식물 쓰레기 퇴비화하기

※ 나는 지렁이를 키울 자신이 없어 식품 건조 망에 음식물 쓰레기를 말린 다음 아래 방법으로 퇴비화한다.

① 밀폐용 음식물 쓰레기통에 음식물과 EM 미생물+흙 또는 바짝 말린 원두커피를 섞어준다. 음식물 쓰레기가 발생할 때마다 위로 쌓는다.

② ①을 화단(땅)에 묻는다. 이때 낙엽과 흙을 잘 섞어준다. (음식물 쓰레기와 흙의 비율은 1:3 정도가 좋지만 흙이 부족하면 대략 1:2로 맞춘다.)

- 음식물 쓰레기 처리기 이용하기

우리 집에는 방치된 공동 화단이 있어서 퇴비화가 가능하다. 하지만 땅이 귀한 도시에서 퇴비화는 힘들다. 그럴 땐 전기를 사용해 음식물을 퇴비로 만드는 음식물 쓰레기 처리기를 고려해 본다.

※ 미생물로 퇴비화하는 음식물 처리기는 '코코린' '미랜' '바이오린클' 등이 있다.

깨알 정보

다회용 부엌 제품 구입처

천연섬유로 만든 패브릭 제품(면 생리대, 면 행주, 보자기, 테이블보 등)

⌂ 판매처 정보 pfree.me

플라스틱 프리 생수 & 탄산수

* 수돗물을 마시거나 비전력 정수기(브리타 등) 혹은 직수 정수기 사용하기

  ※브리타 필터 해킹: 브리타 필터 교체 시 발생하는 쓰레기를 거절하고 싶다면 다 쓴 필터에 구멍을 내서 알맹이만 교체해 재사용할 수 있는 필터를 사용한다. 해킹된 브리타 필터와 리필용 알맹이는 여기서! http://bit.ly/brita_project

* 참숯으로 플라스틱 프리 정수기 만들기

  : 유리병에 수돗물 1ℓ와 참숯(구이용 말고 정수 혹은 공기정화용) 20~30g을 넣고 4시간 이상 두었다 마신다. 최초로 한 번 끓인 물에 참숯을 삶은 후 사용하고, 2주에 한 번씩 숯을 꺼내 뜨거운 물로 씻은 다음 햇빛에 말려 쓰면 5년 이상 쓸 수 있다. 숯 정수기는 숯가루가 약간 가라앉는데 먹어도 되므로 안심하고 사용한다. 최고급 숯으로 만든 'Kishu Charcoal'이라는 정수용 숯 스틱도 있다. (해외 배송)

* 소마(drinksoma.com) 필터 정수기 : 유리병에 대나무 손잡이가 달려있고, 필터는 식물성 플라스틱을 사용한다. (해외 배송)

* 탄산수 제조기 : 제품 리뷰(soda.makerclub.com) 참고.

  ※ 저가 제품으로 소다스트림을 추천한다.

플라스틱 프리 (채식) 요거트

유산균 요구르트(혹은 유산균 두유 요구르트)를 구해 반 정도 먹고 나머지에 우유(두유)를 부어 겨울철에는 24시간, 여름철에는 12시간 정도 실온에 두고 걸쭉해지면 냉장실로 옮긴다. 또는 우유나 두유 500ml를 40도 정도로 데워 프로바이오

틱스나 비건 유산균 1봉지(캡술)를 넣고 섞는다. 면 천을 덮어 실온에 5~12시간 정도 두면 뭉치는데 이때 먹거나 열탕 소독한 유리병에 넣어 냉장 보관한다.

제로 웨이스트 커피

융 필터, 모카 포트, 프렌치 프레스, 베트남 커피 핀, 스텐 혹은 티타늄 필터 등을 이용하면 종이 필터를 버릴 필요가 없고 커피 맛도 좋다. 융 필터의 경우 세제 없이 물로만 씻은 후 찬물에 담가 냉장 보관한다. 사용할 때 뜨거운 물로 소독한 다음 천으로 물기를 제거해준다. (융 드립에는 살짝 굵게 간 강배전 원두가 좋다.)

전자레인지 없이 살기

냉동식품과 인스턴트식품 구매를 줄이면 전자레인지를 사용할 일도 줄어든다. 전자레인지 없이 해동할 경우 냉동된 식품을 먹기 전날 냉장실에 넣어 해동시키거나 냄비로 쪄서 해동한다. 전기밥솥의 찜 기능을 이용해도 된다.

스테인리스 제품 사용

* 제품 고르기

  : 304 재질을 선택한다. 이는 스테인리스에 크롬 18퍼센트와 니켈 8~10퍼센트를 섞은 것으로 가장 안전한 배합비다. ('STS304', '18-10', '18-8', '27종'이라는 표시는 모두 304 재질을 뜻한다.)

* 사용하기

  : 스테인리스 팬에 들러붙지 않게 요리하려면 예열을 충분히 해야 한다. 팬 위에 손바닥을 가까이 했을 때 열기가 활활 느껴지면 기름을 얇게 두르는데, 이때 팬이 뜨거워 기름이 물결모양으로 퍼진다. 그때 계란 두부 생선 등을 올려야 들러붙지 않는다.

* 세척 및 관리하기

  : 스테인리스 제품은 처음 사용할 때 연마제를 제거해 줘야 한다.

  ① 요리용 기름을 행주에 묻혀 꼼꼼하게 닦은 후 소다를 뿌려 닦아낸다.

② 세제로 씻어낸다.

③ 물을 넣고 끓이다 식초나 구연산을 넣고 2~3분 더 끓여준다.

④ 다시 세제로 설거지해 마무리한다.

※ 스테인리스 팬의 탄 자국에는 물과 소다(탄산수소나트륨, 과탄산소다, 세스퀴소다 중 한 종류)를 팬에 가득 넣고 보글보글 끓인 후 식초나 구연산으로 헹궈 준다. 연마제가 들어있는 초록색 수세미는 스테인리스에 사용하면 안 된다.

쓰레기 없는 시장

- 농부시장 마르쉐@ marcheat.net : 관계가 있는 시장으로 농부·요리사·수공예가가 함께 만든다. 마로니에 공원, 서울숲, 서울 합정동과 성수동 등지에서 열린다. 식기와 그릇을 대여하고 세척해 재사용한다. 포장 없이 까놓은 알맹이 농산물을 만날 수 있다.

- 채우장 instagram.com/chaewoojang : 일회용품 없는 카페 보틀팩토리에서 매달 첫 번째 토요일에 여는 제로 웨이스트 장터와 물건 나눔 모임이다.

- 전통시장 : 포장되지 않은 과일, 채소, 즉석식품류를 살 수 있다.

- 제로 웨이스트 장터 정보 : 제로웨이스트홈 cafe.naver.com/zerowastehome 아날로그 살림 cafe.naver.com/godobaby

- 지구인마켓 zikooin-market.com : 유통되지 못하고 버려지는 못생긴(흠결 있는) 채소와 과일을 가공한 식품을 판매한다.

- 라스트오더 : 베이커리 분식 족발 보쌈 치킨 스시 등 당일 영업 후 폐기되는 온전한 식재료를 최대 80퍼센트로 할인 판매하는 앱이다.

- 서울 밤도깨비 야시장 www.bamdokkaebi.org : 서울시가 운영하는 시장. 용기를 들고 가면 500~1,000원 할인해 준다.

- 보냉제(아이스팩) 수거하는 곳
  '내손안의 분리배출' 앱에서 동네 자치센터나 아파트 수거 장소 파일을 다운 받는다. 혹은 '리아이스팩'(https://reicepack.com)에서 아이스팩을 반납할 수 있는 가게를 확인하고 수거 예약하거나 재사용 가게로 등록한다.

▶ 속 비닐을 대신할 신문지 봉지 만들기

: 신문지 봉지를 뚝딱 만들어 속 비닐이나 천 주머니 대신 사용한다.

흙이나 껍질이 떨어지는 채소나 과일 등을 보관하기도 좋다.

① 신문지를 펴서 아랫부분을 10cm 정도 접는다.

② 신문지를 뒤집어준다.

③ 왼쪽 면을 ⅔ 정도 접어준다.

④ 오른쪽 면을 접으면서 3번의 왼쪽 면에 끼운다.

⑤ 신문지를 뒤로 돌려 윗부분을 접으면서 아래 접힌 부분에 끼워 넣는다.

2. 욕실 : 화장품·위생용품

❶ 화장품 다이어트 : 사용하는 제품의 가짓수를 줄인다.
❷ 일회용품 대신 다회용품을 사용한다.
❸ 플라스틱 대신 대나무, 소창, 면 등 천연 소재 혹은 재생 플라스틱 제품을 사용한다.
❹ 필요한 제품을 직접 만들거나 대용량 제품을 구입해 리필한다.

5R

하나. 거절하기(사용하지 않기)

- 과대포장 및 소분 포장된 제품 거절하기 (예 : 화장품 샘플)
- 플라스틱 제품 대신 천연 소재 제품 사용하기 (예 : 나무 빗, 대나무 칫솔, 실크 치실 등)
- 숙소용 일회용품 혹은 증정품 거절하기 (예 : 휴대용 화장지, 물티슈, 세면도구 등)
- 1+1 프로모션 등에 혹해 자주 사용하지 않는 상품 사재기 하지 않기
- 오염물이나 분비물을 물에 씻거나 손수건으로 닦아내기
- 미세플라스틱 성분이 들어있는 화장품 거절하기
- 합성섬유 샤워 타월이나 세안 수건 쓰지 않기
- 화장품 및 화장품 재료 온라인 구입 시 포장하지 말라는 배송 메모 남기기

둘. 줄이기 Reduce

- 사용하는 화장품 및 개인위생용품의 가짓수 줄이기
- 대용량 화장품을 구입하거나 직접 만들어 리필 용기에 덜어 쓰기
- 종이 혹은 틴트 통(알루미늄 통)에 든 화장품 사용하기
- 생리대, 기저귀, 면봉, 화장솜, 화장지, 면도기 등 일회용품 사용 줄이기

- 샴푸 바, 파우더, 가루 치약 등 고체 및 가루 제품 사용하기
- 우유팩 재활용 혹은 곡물 부산물로 만든 화장지 사용하기
- 물티슈 사용 줄이기 : 물티슈는 합성 부직포로 미세섬유가 나온다.
- 화장지 사용 줄이기 : 비데나 작은 수건을 사용한다.
- 손수건 휴대하기 : 손수건 하나로 많은 것을 아낄 수 있다.
- 절수기, 절수 샤워기, 절수 양변기 등을 설치해 물 사용량 줄이기

셋. 재사용 Reuse

- 다회용 위생용품 사용하기 : 면 기저귀, 면 생리대, 생리 팬티, 생리컵 등
- 다회용 욕실용품 사용하기 : 귀이개, 날만 갈아 쓰는 스테인리스 면도기, 빨아 쓰는 화장솜과 클렌징 이레이저 등.
- 용기를 세척해 재사용하기
- 사용하지 않은 화장품이나 개인 위생용품을 필요한 곳에 기부하기

넷. 재활용 Recycle

- 화장품 용기의 펌프와 뚜껑 분리해서 버리기 : 대부분 펌프와 뚜껑은 재활용되지 않는다.
- 재활용등급제를 확인하고 '최우수' 혹은 '우수' 등급 화장품 선택하기
- 사용하지 않는 기저귀·소창·타월 등을 면 생리대, 물수건, 화장솜으로 재활용하기
- 버려진 플라스틱 통을 비눗갑, 양치 컵, 칫솔꽂이 등 욕실용품으로 재활용하기

다섯. 퇴비화 Rot

- 실크 치실, 대나무 섬유 등을 버릴 때 음식물 쓰레기와 함께 퇴비화하기
- 주변에 묻을 곳이 있다면 사용한 휴지를 땅에 묻기. 단, 많은 양의 휴지나 형광증백제가 든 휴지는 쓰레기봉투에 버린다.

화장품 관련

- 화장품 전성분표시제 읽기 : 법적으로 미세플라스틱 성분이 금지된 화장품은 샴푸 스크럽 바디클린저 등 씻어내는rinse-off 종류뿐이나, 로션 마스카라 글리터 등 얼굴에 남아있는leave-on 화장품에도 미세플라스틱 성분이 들어있다.

※ 미세플라스틱으로 의심되는 화장품 성분

폴리에틸렌 polyethylene	폴리스타이렌 Polystyrene	폴리프로필렌 Polypropylene	폴리우레탄 Polyurethane

폴리메칠메타크릴레이트 Polymethyl Methacrylate	나일론-6 Nylon-6	나일론-12 Nylon-12

폴리펜타에리스리틸테레프탈레이트 Polypentaerythrityl Terephthalate	폴리에틸렌 테레프탈레이트 polyethylen Terephthalate
폴리프로필렌 테레프탈레이트 polyethylene Terephthalate	폴리에틸렌 아이소테레프탈레이트 Polyethylene Isoterephthalate
스타이렌 아크릴레이트 코폴리머 Styrene Acrylates Copolymer	폴리부틸렌 테레프탈레이트 Polybutylene Terephthalate
폴리테트라플루오로에틸렌 Polytetrafluoroethylene	아크릴레이트 코폴리머 Acrylates Copolymer
트라이메칠실록시실리케이트(실리콘 레진) Trimethylsiloxysilicate	이외 성분명에 코폴리머Copolymer 명칭이 포함된 성분

- 위 성분이 들어있다고 바로 미세플라스틱 화장품으로 볼 수는 없다. 같은 성분이라도 알갱이가 아니라 점증제 등 반고체나 액상 상태로 사용될 경우 미세플라스틱으로 간주되지 않는다.
  ※미세플라스틱 화장품 목록 확인 : pfree.me
- 화장품 앱 '화해'는 신호등 표시로 안전한 성분인지 아닌지 알기 쉽게 화장품의 전성분을 제공한다. 성분 표시 앞쪽에 나올수록 많이 들어있는 성분이다.
- '정제수, 00수, 00추출물, 00유, 비타민'처럼 이해하기 쉬운 이름이거나 성분

가짓수가 적은 화장품을 선택한다.

- 성분을 따지기 힘들면 생협이나 '아이허브'에서 리뷰가 좋은 화장품을 선택한다.
- 화장품 공병 수거 브랜드 : 아리따움, 이니스프리, 러쉬, 맥 등.
- 화장품 만들어 쓰기

  - 용기를 뜨거운 물과 세제로 씻어 바짝 말린 후 소독용 알코올로 본체와 뚜껑을 소독한 후 사용한다. (용기에 식초를 담아 두면 냄새 제거에 좋다.) 기초 화장품은 수상층(물)과 유상층(기름)을 60~65도로 가열해 온도가 같을 때 섞은 다음 첨가제를 넣으면 끝.

  - 나는 버블뱅크공방(blog.naver.com/bubblebank) 혹은 에코팩토리(ecofactory.co.kr)의 레시피를 활용한다. 에센스, 로션, 스킨, 치약, 립밤, 데오도란트, 천연 바세린, 탈취제 등 웬만한 화장품과 위생용품을 만들 수 있다. 가령 클렌징 오일은 토너와 오일을 1:1로 섞어 만드는 식이다. 인터넷과 천연 화장품 책에 나온 레시피를 참고하되, 수상층과 유상층 재료를 부엌 재료로 대체한다. 나는 수상층은 정수기 물, 유상층은 올리브오일·콩기름·현미유 등 집에 있는 기름을 사용한다. 기름과 물이 섞이게 하는 유화제나 방부제를 제외한 첨가제는 생략해도 된다.

  - 약산성 샴푸 바는 알칼리성 일반 비누와 달리 PH가 5~6 정도라 자극이 적고 머리카락이 찰랑찰랑하다. 재료 가격이 비싼 편이지만 누구나 쉽게 만들 수 있고 머리부터 발끝까지 사용 가능하다. 여행갈 때 샴푸 바 하나면 몸도 씻고 빨래도 하고 머리도 감고 만사 오케이. 비누가 무른 편이라 물기를 빼고 비누 망에 넣어 사용하면 좋다. 신데트 분말SCI이나 코코누들을 구입해 쉽게 만들 수 있다. 인터넷에 '신데트 바 만들기' '약산성 샴푸 바 만들기'로 검색하면 레시피가 나온다.

천연 소재 및 다회용품 욕실 제품 정보

⌂ 판매처 정보 pfree.me

월경용품

빨아 쓰는 월경용품에는 면 생리대, 생리 팬티, 생리컵, 면 탐폰 등이 있다. 면 생리대가 가장 안전하지만 사용이 편리한 제품은 생리컵이다. 각자 취향과 건강 상태에 따라 재사용 월경용품을 선택해보자. 인터넷 검색창에 '대안 생리대' '면 생리대' '생리 팬티' '생리컵'으로 검색하면 제품이 나온다.

• 면 생리대 빨기
   ① 핏물을 찬물에 헹군 후 찬물에 반나절 정도 담가 둔다.
   ② 세탁비누로 면 생리대를 문지른 후 1~2일 동안 두었다 세탁기에 넣고 돌린다.
   ③ 얼룩을 깨끗하게 지우길 원한다면 면 생리대와 소다(과탄산소다)를 뜨거운 물에 넣고 삶는다. (방수천이 들어있으면 삶지 말 것)

• 몸에 맞는 생리컵 찾기
   ① 월경 기간 동안 중지를 질에 넣어 질 입구에서 포궁까지 길이를 잰다. 손가락을 다 넣어도 닿는 것이 없으면 높은 포궁 (꼬리가 긴 생리컵 선택), 손가락이 두 마디쯤 들어가다 막히면 보통 포궁(꼬리가 보통인 생리컵 선택), 손가락 두 마디 이하에서 뭔가 닿으면 낮은 포궁(꼬리가 짧은 생리컵 선택)이다. 나는 자전거 탈 때 생리컵 꼬리가 걸려서 꼬리를 살짝 잘라내 5년 넘게 쓰고 있다.
   ② 출산 여부가 아니라 월경 혈 정도에 따라 사이즈를 고른다. 양이 많으면 큰 컵, 작으면 작은 컵을 선택한다.
   ③ 취향에 따라 단단하거나 말랑한 컵을 선택한다. 말랑하면 압박감이 적고 넣기도 쉽지만 컵이 질 내에서 잘 펼쳐지지 않거나 월경 혈이 새기 쉽다. 단단한 컵은 탄력이 강해 질에 넣기만 하면 잘 펼쳐지는 반면 압박감이 있거나 뺄 때 아플 수 있다.
   ④ 생리컵을 넣고 뺄 때는 힘을 빼고 숨을 내쉬면서 천천히 진행하자. 머리로 생각하면 오히려 더 어렵다. 3번 정도 월경 주기를 거치면 몸으로 사용법을 익히게 된다. 포기하지 말고 시간을 들여 익숙해지자. 나 역시 처음엔 질에 수

박을 넣고 빼는 듯 고통에 시달렸으나 지금은 1초 만에 완료. 질도 근육인지라 생리컵에 적응해야 근육이 단련된다.

- 생리컵 사용 주의사항
  ① 생리컵 사용 전후 손을 깨끗이 씻는다.
  ② 월경주기가 끝나면 생리컵을 비누나 세제로 세척하고 물기 없이 바짝 말린 다음 보관한다.
  ③ 밖에서 생리컵 교체 시 텀블러나 페트병에 수돗물을 받아 화장실 안에서 생리컵을 씻고 교체한다.
- 면 탐폰, 울 탐폰 등 빨아 쓰는 탐폰은 판매하는 제품이 없으므로 직접 만들어 써야 한다. 만드는 방법은 소일 블로그(blog.naver.com/so-il)를 참고한다.

치실 및 미즈왁

- 치실 구매 시 재질 확인 : PTFE 재질을 주의해야 한다. 광고 문구에 불소 첨가 혹은 불소 코팅, 테프론 같은 문구가 써진 제품도 피한다. 환경호르몬 작용을 하고 체내 잔류하는 PFAS라는 유해물질이 나올 수 있기 때문이다. (미국 여성의 경우 PTFE 재질의 치실을 사용한 사람에게서 PFAS의 일종인 'PFHxS' 농도가 높게 검출되었다.)★ 대신 실크나 대나무 등 천연 소재 치실을 사용한다. 생분해 천연치실 제품의 가격이 비싸서 망설여진다면 명주실을 치실로 사용하면 된다.
- 미즈왁 : 동남아나 남아시아에서 자라는 치태 제거 효과가 있는 나뭇가지이다. 나무껍질을 벗기고 씹어 즙을 내고 나뭇가지로 이빨을 문질러 치태를 제거한다. 치아 관리에 탁월한 효과도 보고 타잔이 된 기분도 맛볼 수 있다. 단점은 나무껍질을 뱉어내야 한다는 점이다. 아마존에서 'Miswak'으로 검색해 구매할 수 있다.

3. 집안 관리 및 세제

❶ 세제 및 살림 다이어트 : 사용하는 세제 가짓수 및 살림 도구를 줄인다.
❷ 물건과 공간을 줄이고 소유보다는 공유를 한다.
❸ 일회용품 대신 다회용품과 중고 물건을 사용한다.
❹ 본인 취향의 질 좋은 천연 소재 물건을 오랫동안 기분 좋게 사용한다.
❺ 필요한 세제를 직접 만들거나 대용량 제품을 구입해 리필한다.

5R

하나. 거절하기(사용하지 않기) *Refuse*

- 안 쓰는 사은품(생활용품)을 거절하기
- 아크릴 수세미, 극세사 등 합성수지 제품을 거절하기 : 천연 소재 제품을 사용한다. (예 : 돈모, 마모, 식물성 소재 세척솔, 면 걸레 등)
- 1+1 등 상품 프로모션에 혹해 불필요한 물건 구입하지 않기
- 항균·항박테리아 제품 쓰지 않기 : 트리클로산 혹은 트리클로카반 등 유해물질이 들어있을 수 있다.

둘. 줄이기 *Reduce*

- 살림 다이어트하기 : 집안에 있는 가구나 가재도구 중 1년간 2번 이상 사용하지 않는 물건은 처분하고, '물건 총량제'를 통해 소유한 물건을 늘리지 않는다.
- 처분할 물건 수거함 만들기 : 청소할 때마다 틈틈이 물건을 정리해 담는다.
- 새 살림 및 생활용품 구매 줄이기 : 사기 전에 대체할 물건이 있는지 찾아보고 대여나 교환 혹은 중고 물건을 먼저 알아본다.
- 세제 다이어트하기 : 소다, 구연산, 폐식용유 비누 등을 사용한다.

- 세제를 직접 만들어 빈 용기에 담아 쓰기
- 부직포나 물티슈 등 일회용 청소용품 사용 줄이기
- 과대포장 및 소분 포장된 생활용품과 세제 구입 줄이기
- 액상 대신 고체 비누 혹은 가루 세제 사용하기
- 집 수리에 친환경 건축자재, 재활용 소재, 천연 소재 사용하기
  : LG하우시스에서 페트병을 재활용한 리사이클 필름지(가구용) 제품을 출시했다.
  ※ 친환경 건축자재 정보는 친환경건설자재정보시스템(gmc.greenproduct.
  go.kr)의 카탈로그, 친환경 인테리어 시공업체 정보는 에코인테리어 지원사업 홈페
  이지(gmc.greenproduct.go.kr/ecointerior/outline/01_eco.do)에 나와 있다.

셋. 재사용 Reuse

- 티라이트(초) 용기에 밀랍이나 콩 초 만들어 사용하기
- 자주 사용하지 않는 공구나 살림 빌려 쓰기 : 일부 주민자치센터에서 공구를 대여해준다.
  ※ 서울시 집수리닷컴(jibsuri.seoul.go.kr)을 통해서 공구를 빌린다.

넷. 재활용 Recycle

- 버려진 면 티셔츠, 타월, 자투리천을 잘라 걸레로 사용하기
- 재활용등급제를 확인하고 '최우수' 혹은 '우수' 등급 세제 선택하기
- 업사이클링 물건 사용하기 : 인터넷에 유리병·페트병 등을 재활용해 비눗갑, 문구, 수납함 등을 만드는 다양한 방법과 상품이 나와 있다.
- 마시다 남은 물이나 세탁기 탈수 단계에서 나오는 물로 화분이나 텃밭에 물 주기
- 사용하지 않은 세제나 살림살이를 필요한 곳에 기증하기

다섯. 퇴비화 Rot

- 생활 쓰레기(머리카락·동물 털·먼지·시든 꽃·죽은 화초 등 식물에서 잘라낸 가지 와 잎 천연 수세미를 음식물 쓰레기와 함께 퇴비화하기

친환경 세제

친환경 세척의 기본은 소다와 비누로 때를 벗기고 식초나 구연산으로 헹구는 것! 세탁부터 설거지까지 모든 살림을 3종류 이하의 세제로 끝낼 수 있다. 고체 및 가루 세제는 플라스틱 통이 적게 쓰이고 대용량을 구입해 리필하기 쉽다.

- 소다류 : 연마, 탈취, 세척 작용. 빨래, 청소, 설거지 등에 두루 사용되며 따뜻한 물과 비누와 함께 사용 시 세척력이 훨씬 강하다. 베이킹소다(탄산수소나트륨), 과탄산소다, 세스퀴소다 3종류가 있는데 이 중 하나를 사용한다. 나는 물에 잘 녹고 세척력도 가장 좋은 세스퀴소다를 사용한다. 500㎖ 용기에 1스푼의 세스퀴소다를 넣고 물로 채워 흔든 후 청소나 빨래에 사용한다. 찌든 때가 묻은 곳에 뿌리고 닦아 보라. 진가를 알 수 있다.
- 식초, 구연산 : 섬유유연제, 린스 대용으로 사용하거나 변기 청소에 사용한다. 식초 냄새가 싫다면 감귤류 껍질을 2주 정도 담가 우려내거나 에센셜 오일을 섞어 사용한다. 구연산은 식초와 비슷한 작용을 하지만 무색무취라 사용하기 편하다. 구연산은 습기에 약하므로 밀폐해서 보관한다.
- 비누 : 폐식용유 비누는 싸고 세척력이 좋다. 나는 설거지부터 면 생리대 빨래와 욕실 청소까지 폐식용유 비누를 주로 사용한다. 또한 플라스틱 통이 필요 없는 설거지 바, 샴푸 바 등 다양한 고체 비누가 있다. 폐식용유 비누로 만든 가루비누는 찬물에 잘 녹지 않으므로 따뜻한 물에 녹여 사용한다. 생활협동조합에서 판매한다.
- 망원시장 옆 카페M에서는 알맹@망원시장 팀이 친환경 액상 세제 및 가루 세제를 본인 용기 혹은 기증된 용기에 담아가는 세제 리필샵을 운영한다. 큰 벌크 통에서 원하는 만큼 세제를 덜어 구매할 수 있다. 이런 세제 리필샵이 샵앤샵 형태로 널리 퍼져나가고 있다.

  ※ 전국에 생긴 제로 웨이스트 가게나 녹색매장에서 본인 용기 혹은 대여한 용기에 세제만 담아 살 수 있다. 몇몇 이마트에서는 세제를 리필해 갈 수 있게 세제 리필 자

판기를 설치했다. 포장재 비용이 들지 않아 같은 제품에 비해 훨씬 저렴하다.

국내 제로 웨이스트 가게 지도

bit.ly/zerowaste_korea_map

- 만능 세제 '소프넛' : 인도 히말라야의 솝베리 나무 열매의 사포닌 성분이 세제 역할을 한다. 나무 열매라 사용 후 흙에 묻으면 자연 분해된다. 소프넛 열매 7~8개를 주머니에 담아 세탁기에 넣어 돌리거나 거품을 낸 다음 주방세제로 사용한다. 따뜻한 물과 섞으면 사포닌 성분이 더 잘 우러나온다. 액상의 경우 따뜻한 물 1ℓ에 소프넛 15개를 넣고 30분 동안 끓인 액을 용기에 담아 사용한다. (실온에서 1~2주 내에 사용) 거품 용기에 넣으면 거품 세제가 된다.
- 직접 만드는 만능 세제
  빨래 설거지 청소는 물론 샴푸와 바디클린저로 쓸 수 있다.(블로그 '킹타이거의 실험실'을 보고 만들었는데 몸과 온 집안이 이것 하나로 클리어!)
  ① '라우릴글루코사이드'와 '데실글루코사이드'라는 2종류의 계면활성제를 각각 종이컵 1컵 분량씩 섞은 후
  ② 구연산 5g(페트병 뚜껑에 들어가는 양)을 섞어준다.
  ③ 이 원액을 물과 희석해 거품 용기, 펌프, 분무기 등에 담아 사용한다. 중성이라 울 세탁으로도 사용할 수 있다. 원액을 물에 희석할 경우 한 달 내로 사용한다.

세척용 솔과 수세미

⌂ 판매처 정보 pfree.me

- 세척용 솔 및 브러쉬 : 인터넷 검색창에 '돈모 브러쉬' '말털 세척용 솔' '용설

란 세척솔' 등을 치면 100퍼센트 플라스틱 프리 세척용 솔이 나온다. 돈모(돼
지털) 브러쉬는 긴 물병이나 컵을 닦을 때, 마모(말 털) 세척용 솔은 일반 설거
지에, 식물성 섬유(용설란) 세척용 솔은 냄비와 프라이팬을 박박 닦을 때 사용
한다. 나무 손잡이에 다른 종류의 세척용 솔을 끼워 사용할 수 있다. 그 외에
도 '천연 바디 브러쉬'로 검색하면 동물 털이나 식물성 섬유로 만든 세안 및
바디 브러쉬가 나온다.

- 수세미 : 천연 수세미를 말린 제품이다. 마른 수세미는 아플 정도로 거칠지만
물에 불리면 금세 말랑해진다.
- 삼베 제품 : 삼베는 피부에 좋고 천연 항균 작용도 한다. 삼베 수세미나 삼베
타월 등이 나와 있다.

재활용 인테리어 및 생활용품

⌂ 판매처 정보 pfree.me

쓸모 있는 적정기술 제품

- **최소한의 공기정화**
'십년후연구소'의 은하수 공기청정기. 필터와 팬, 전원장치까지 최소한의 구
조로 되어 있으며 월 185원의 전기료로 5~6평 정도의 실내 미세먼지를 정화
한다. 헤파필터를 사용하며 필터 교체 시 플라스틱이 발생하지만 폐기물 발
생과 고장을 최소화했다. 약 1년 주기로 필터를 교체하면 된다
※ 십년후를 위한 가게 smartstore.naver.com/hangeul_t

- **최소한의 난방**
'바이맘'에서 만든 실내 난방 텐트는 공간의 온도를 10도 이상 따뜻하게 유지
시켜 준다. 최소한의 연료와 적정기술로 공기를 따뜻하게 해주는 장치다. 난방
텐트는 면 소재이며, 여름철에는 텐트 폴대에 모기장을 끼워 사용할 수 있다.
※ 바이맘 bymomstore.com

- 최소한의 냉방

  에어컨 대신 냉풍기. 냉풍기는 선풍기처럼 생긴 팬에 물을 부어 시원한 바람
  을 만드는 장치다. 약간 소음이 있지만 물만 부어주면 선풍기를 돌리는 전기
  세로 에어컨 효과를 볼 수 있다. 다양한 크기의 제품이 나와 있다.

가전제품 체크리스트

① 에너지효율등급이 높은 제품 선택 : 인터넷 몰에는 에너지효율등급이 높
은 제품이 많이 올라오지 않는다. 매장에서 직접 제품을 고르는 것이 좋다.
② 용량이 크지 않은 제품 선택 : 동거인 수가 적을 경우 용량보다는 에너지
효율등급과 기능을 따진다. 세탁기는 7kg 정도면 얇은 이불 빨래도 가능하
다. 냉장고는 부엌 공간에 적당한 용량으로 선택하자. 신선한 제품이 냉장고
에 들어간 식재료보다 맛있고 건강하다.
③ 좋은 제품을 사서 오래 사용하기 : AS가 보장되는 브랜드를 선택한다.
④ 소형 가전제품은 중고매장이나 온라인 중고 가게에서 구매한다.

4. 의류 및 패션 잡화

❶ 새 옷보다는 원래 가진 옷을 재활용하거나 중고 옷을 재사용한다.

❷ 새로 구입 시 천연섬유 제품(면, 마, 모, 대나무 섬유 등) ⇒ 재활용 소재 제품(페트병, 어망 등 재활용 원단) 혹은 재생섬유 제품(레이온, 모달 등) ⇒ 합성섬유 ⇒ 동물성 섬유(모피, 동물 털 등) 순으로 선택한다.

❸ 합성섬유 세탁 시 미세섬유를 걸러주는 필터나 세탁 망을 사용한다.

5R

하나. 거절하기(사용하지 않기)

* 무료로 나눠주는 합성섬유 제품(부직포 가방, 물티슈 등) 거절하기
* 안 쓰는 행사용 티셔츠나 가방 거절하기
* 합성섬유 보자기로 싼 제품 구매하지 않기 : 직접 포장해서 파는 가게라면 합성섬유 대신 광목이나 종이 등 사용을 건의한다.
* 세탁소에 옷을 맡길 때 비닐커버를 씌우지 않도록 미리 요청하기
* 일회용 비닐우산 커버 거절하기 : 우산을 탁탁 털어 물기를 제거하거나 다른 사람이 사용한 비닐 커버를 재사용한다. 우산 아래 끼우는 빗물받이(자바라)와 극세사가 달려 물기를 흡수하는 우산 파우치가 나와 있다. (우산 빗물 제거기가 모든 건물에 설치되면 좋겠다.)
* 각자 취향을 살리기 : 스타일은 옷 가짓수나 트렌드로 완성되지 않는다.

둘. 줄이기 Reduce

* 합성섬유 제품 줄이기 : 기능성 의복의 경우 합성섬유를 대체하기 어렵지만, 속옷 티셔츠 등 기본 의류는 되도록 천연섬유를 고른다. 라벨을 살펴 합성섬유와 천연섬유 여부를 확인한다. 혼방섬유 의류 구입 시 가급적 천연섬유 비

율이 높은 것을 택한다.

- 패스트패션 구매 줄이기 : 패스트패션의 속성상 합성섬유로 된 옷이 많다. 폴리에스테르의 경우 면화에 비해 3배 이상의 이산화탄소를 배출한다. 또한 합성섬유 의류를 매립하는 과정에서 미세플라스틱이 발생한다.
- 세탁을 줄이고 날씨 좋은 날 바람과 햇빛에 의류와 침구 말리기
- 찬물에 세탁하기 : 따뜻한 물에서 미세플라스틱이 더 많이 발생한다. 찬물에서 때를 잘 빼려면 세탁기에 세탁물과 세제를 넣고 1시간 이상 불린 후 세탁한다.

셋. 재사용 Reuse

- 2년 이상 입지 않은 옷은 주변 사람들과 교환하거나 중고 가게에 기증하기
- 중고 가게에서 의류 구매하기
  : 참새 방앗간 들르듯 자주 들러야 마음에 드는 상품을 얻을 수 있다.
- 시계 우산 신발 등을 수선해 재사용하기
  : 동네 벼룩장터나 지자체 행사에서 수리 가게가 열리기도 한다.
- 공유옷장 플랫폼 이용하기
- 세탁소에서 받은 옷걸이 되돌려 주기

넷. 재활용 Recycle

- 자투리천이나 헌 옷 등을 필요한 물건으로 업사이클링하기
- 보자기 매듭법을 익혀 용도에 맞게 재활용하기
  : 보자기 천은 장바구니와 선물 포장재로 사용할 수 있고 돗자리로도 활용할 수 있다. 인터넷에 다양한 보자기 매듭법이 나와 있다.
- 페트병 어망 등 재활용 원단을 사용한 의류 선택하기

다섯. 퇴비화 Rot

면이나 모직 보풀 등 천연섬유 조각을 땅에 묻어 퇴비화하기

의류 정리 : 짐 싸기 파티

『두 남자의 미니멀 라이프』작가들은 쓸데없는 물건에 시간을 빼앗기지 않기 위해 살림을 모조리 박스에 넣고 생활하면서 일주일 동안 꺼내지 않은 물건을 처분한다. 그들은 이를 '짐 싸기 파티'로 부르며, 미니멀 라이프를 위한 첫 단계로 이사하듯 짐을 싸보라고 권한다. 옷이 많다고 입을 옷이 많은 건 아니다. 즐겨 입는 기본 아이템으로 가짓수는 줄이되 눈에 띄는 스카프 액세서리 신발 등을 잘 매치하는 편이 옷 고르기도 쉽고 스타일링에도 좋다.

뉴욕에서 활동하는 인도 출신 디자이너 셔나는 매번 유행하는 옷을 사면서도 아침마다 '뭐 입지, 입을 게 없네'라고 중얼대는 일상에 질렸다. 그녀는 일 년 내내 검정 원피스 하나를 교복처럼 입는 유니폼 프로젝트(theuniformproject.com)를 시작한다. 검정 원피스 한 벌에 기증받은 옷과 액세서리를 매치해 365일 내내 다른 스타일을 창조한다. 이 프로젝트에서는 옷을 사지 않고 아낀 돈과 기부금으로 인도에 학교를 짓고 깨끗한 물을 위한 시설을 설치한다. 나는 충동적으로 옷을 사고 싶을 때 홈페이지를 방문한다. 역시 패셔니스타는 옷 가짓수가 아니라 센스에 달렸다는 현타가 들어 지름신이 스르륵 사라진다.

환절기마다 짐 싸기 파티로 2~3년 동안 입지 않은 의류를 정리해보자. 어느 정도 옷이 줄어들면 '의류 총량제'를 적용한다. 새로운 물건이 들어온 만큼 기존 물건을 빼서 옷장의 총량을 유지한다. 자신만의 기준을 정하기 어렵다면 '333 프로젝트'를 따라한다. 옷장에 딱 33벌의 옷만 놔두고 3개월간 그 옷들만 입는 의류계의 미니멀 라이프다. 첫 3개월이 지나면 그동안 입은 옷은 정리하고 다른 옷 33벌을 다시 채워 넣는다.

공유옷장 플랫폼

- 리본즈렌트잇 : 샤넬·버버리 등 고가의 의류 액세서리 신발 가방 등을 대여하는 플랫폼. 정해진 비용을 내고 의류를 대여 및 교환한다.
- 클로짓셰어 : 20~30대 여성들끼리 의류와 가방을 빌려 입는 플랫폼. 대여해

주는 사람은 수익금을 벌고 빌리는 사람은 일정한 비용을 내고 서비스를 이용한다.

- 열린옷장 : 정장을 기증받아 필요한 청년들에게 공유함으로써 면접 복장의 부담을 줄이고 그 수익으로 청년응원사업을 운영하는 비영리 공유옷장. 서울시와 경기도에서는 대여비 없이 무료 대여가 가능하다.
- 서울시 용강동 삼개나루 한복 공유옷장 : 용강동주민센터 '삼개나루 공유센터'에서는 한복과 전통 문양의 패션 소품을 기증받아 빌려준다.

중고 의류 거래 및 기증

- 아름다운 가게 beautifulstore.org : 전국 곳곳에 매장이 있으며 아이부터 어르신까지, 여성부터 남성까지 모두를 위한 의류를 판매한다. 3,000~5,000원 정도의 저렴한 가격이라 부담이 없다. 기증 시 기부금 영수증을 발급해준다. 단, 타인이 입을 수 없을 만큼 낡거나 더러운 의류는 기증하지 말고 종량제봉투에 버린다.
- 숲스토리 www.soopstory.net : 깨끗한 중고 의류를 기증하면 발달장애인의 일자리와 복지를 위해 판매된다. 의정부, 포천에 매장이 있고 일부 교회에 기증함이 있다. 5박스 이상은 무료 수거한다.
- 굿윌스토어 miralgoodwill.org : 밀알복지재단에서 운영하며 기증 받은 물품을 판매한 수익금으로 장애인의 일자리와 복지를 위해 사용한다. 교회를 중심으로 전국에 굿윌 기증함과 기증센터가 있고, 약 10여 곳의 매장이 운영 중이다.
- 전국 벼룩시장 : 종로 광장시장, 동묘 앞 벼룩시장, 고속터미널 지하상가, 부산 남포동 구제거리 등에서 개성 있고 싼 빈티지 옷을 판매한다. 하지만 워낙 옷 종류가 방대하고 어르신들 취향의 옷도 많으므로 천천히 음미하며 여행하는 자세로 접근하자.
- 마켓인유 marketinu.com : 중고 의류 가게로 성수동 매장과 온라인 숍을 운영한다. 중고 의류를 꼼꼼하게 검수하고 편집해서 판매하며 매장 분위기가 세련되고 감각적이다.

▶ 기증 : 한살림은 해마다 1~2차례 '옷되살림' 캠페인으로 수거된 의류를 파키
스탄에 보낸다. 파키스칸 국제시장에서 거래된 수익금으로 파키스탄의 빈곤
한 지역에 학교를 짓고 아이들 교육을 지원한다.

업사이클링 의류 브랜드

요즘 재활용 소재에 뛰어난 디자인을 가미한 국내 업사이클링 제품이 많아지는
추세다. 재활용 소재의 특성상 세상에 하나밖에 없는 멋진 물건을 구하기도 한다.
재활용 제품이지만 소재를 모으고 가공하고 관리하는 데 많은 품이 들기 때문에
싼 가격을 기대하지는 말자. 저렴한 가격을 원한다면 업사이클링 제품보다는 물
건을 있는 그대로 재사용하는 중고 제품을 찾아본다.

⌂ 판매처 정보 pfree.me

친환경 의류·리빙 브랜드

천연섬유 제품을 찾기 위해서는 인터넷 검색창에 린넨 울, 면, 오가닉 코튼, 실크,
캐시미어, 인견, 대나무섬유, 텐셀 등과 함께 원하는 의류를 검색어로 넣는다. (예:
오가닉 코튼 티셔츠, 인견 브래지어, 텐셀 내복 등) 천연섬유 이불과 타월 등을 찾는 방
법 역시 인터넷 검색창에 린넨, 양모, 목화솜, 오가닉 코튼 등과 함께 찾는 종류를
검색하면 된다. (예 : 오가닉 침구, 린넨 커튼, 목화솜 이불, 라텍스 요가 매트 등)

⌂ 판매처 정보 pfree.me

의류 관련 친환경 인증 마크

- GOTS (Global Organic Textile Standard 국제 유기농 섬유 인증)
제품의 유기농 섬유 함유량과 기업의 사회적, 환경적 영향을 따
져 인증하는 마크다. 유기농 섬유가 최소 95퍼센트 이상 함유된 오가닉 인
증Organic textiles과 70퍼센트 이상 함유된 텍스타일 인증Textiles containing
organic fibres 두 종류가 있다.

- OCS(Organic Contents Standard 유기농 섬유 인증) : 유기농 섬유 함

유량을 인증하는 마크다. 'OCS100'은 95퍼센트 이상의 유기농 섬유를 함유한 제품에, 'OCS blended'는 5퍼센트 이상의 유기농 섬유를 함유한 제품에 적용된다.

- ERTS(Ecological & Recycled Textiles Standard 에코써트 친환경 섬유 인증)

천연섬유나 재생가능 혹은 재활용 섬유가 최소 70퍼센트 포함된 제품을 인증하는 마크다. 제조 과정에서 물과 에너지를 절약하고 유해물질을 사용하지 않고 노동조건이 국제 표준에 적합해야 한다.

RDS (Responsible Down Standard 책임 있는 다운 인증) : 패딩 혹은 다운재킷의 지속가능성을 인증하는 마크다.

예전에는 방한복과 이불에 동물이 털갈이를 할 때 자연스럽게 빠진 깃털을 사용했다면 지금은 빽빽하고 더러운 농장에서 강제로 뽑은 털을 사용한다. 거위 한 마리에서 뽑을 수 있는 솜털(다운)이 60그램밖에 되지 않아 숏패딩만 해도 약 20마리의 거위 털이 필요하다. 살아 있을 때 뽑은 거위의 털을 쓰지 않고 적절한 환경을 갖춘 농장에서 나온 털에 RDS 마크가 붙는다. 대표적으로 평창 올림픽 기념 패딩이 RDS 인증 제품이다. 하지만 국내에서는 RDS 인증을 받은 구스다운 제품이 많지 않다.

버려진 패딩과 이불의 털(다운)을 재활용한 제품은 어떨까. 블랙야크의 '나우 nau' '파타고니아' '노스페이스'의 일부 제품이 재생 충전재를 사용한다. 또한 웰론, 프로마로프트 등 합성수지 충전재를 사용한 제품이 있다. 국내에서는 구스다운에 비해 무겁고 질이 낮다고 여겨지지만 실제로는 무척 따뜻하고 가격도 저렴하다. 먼저 재생 충전재 제품과 RDS 인증 제품을 살펴보고, 적당한 제품이 없을 경우 합성 충전재 제품을 고른다.

신발

쓰레기 문제가 불거지면서 플라스틱 프리 신발은 두 가지 방향을 띠고 있다. 하나는 환경을 해치는 합성수지 대신 천연고무 목화 코코넛 코르크 양모 등 천연 소재로 만든 신발이다. 또 다른 하나는 페트병에서 뽑은 원단을 사용하거나 버려진 가죽과 천을 재활용하는 쪽이다. 영국 왕세자빈이 페트병을 재활용한 플랫 슈즈를 신어 화제가 되었다. 껌으로 만든 신발도 있다. 영국의 '껌슈'는 씹다 버린 껌을 재활용해 밑창을 제작한 스니커즈다. 껌이 초산비닐이라는 합성수지 성분이라 신발 밑창으로 재활용될 수 있다.

⌂ 판매처 정보 pfree.me

수영복

인터넷 검색창에 에코닐Econyl swimsuit 혹은 페트 재활용 수영복PET recycling swimsuits을 치면 다양한 브랜드가 나온다.

⌂ 판매처 정보 pfree.me

마스크

미세먼지는 무섭지만 사용한 일회용 마스크를 소각하면 다시 미세먼지가 늘어나는 역설. 미세먼지가 높아도 자전거 타는 즐거움은 포기 못 하는 내게 마스크는 필수품이다. 주로 빨아 쓰는 천 소재를 쓴다. 그린블리스 유기농 면 마스크 혹은 생협에서 구입한 숯 마스크도 착용하는데, 약 40퍼센트의 미세먼지 차단 효과가 있다. 미세먼지 차단율이 높고 필터만 교체해 계속 사용할 수 있는 최첨단 마스크도 나와 있다. 프레카 마스크(freka.co.kr)나 샤오미 마스크가 대표적이다. 이 외에 인터넷 검색창에 '빨아 쓰는 미세먼지 마스크'를 입력하면 나노필터나 탄소튜브 등을 적용해 필터만 교체하는 다회용 마스크를 찾을 수 있다. 일회용 마스크보다야 낫지만 필터 교체 시 플라스틱이 나온다.

선글라스·안경

안경류는 재활용이 안 되니 한 번 사서 오래 써야 한다. '사가와후지이', '벤픽스' 혹은 국내 디자이너 숍에서 나무 안경테가 나온다. (2022년 국내에서는 최초로 PEOPLA가 생수병을 재활용하여 안경테로 만들어 판매하는 펀딩을 시작했다.)

⌂ 판매처 정보 pfree.me

우산

우산 천은 PVC나 폴리에스테르와 같은 합성섬유고 우산대와 붙어있어 재활용이 안 된다. 되도록 우산을 잃어버리지 않고, 물기를 말려서 보관하고, 자동 우산의 경우 우산살 아랫부분을 잡고 손으로 같이 펴서 고장을 막는다. 젖은 우산을 둘 때는 손잡이가 바닥으로 가게 세워둬야 우산살이 녹슬지 않는다. 일반 우산과 반대로 위쪽으로 펴지고 접히는 '거꾸로 우산'은 물기가 밖으로 새지 않아 우산 커버를 사용하지 않아도 된다. 일부 구청에서 운영하는 '찾아가는 우산 수리센터'는 고장 난 우산을 수리해준다. 구두수선 가게 중에서도 우산 수리를 해주는 곳이 있다.

※ 재활용 사회적 기업 '터치포굿' touch4good.com : 고장 난 우산을 기부하면 우산살은 재활용 악기로 이용하고 방수천은 재활용 기업으로 보내 제품 소재로 사용한다.

건조기

햇빛에 말리는 방법이 가장 좋지만, 건조기를 사용한다면 양모 펠트로 만들어진 '드라이볼'을 넣으면 건조시간 단축으로 20퍼센트 정도 에너지가 절약된다. 옷감을 보호하고 섬유유연제를 대체하면서 옷 주름 방지 효과도 있다. 드라이볼 5개 1만원, 오래 사용할 수 있다.

미세섬유 발생을 줄이는 7가지 세탁법

① 미세섬유를 걸러내는 세탁 망을 사용하거나 세탁기 필터를 장착하자.
: '구피프렌즈Guppy Friend', '코라볼Cora Ball', 세탁기에 직접 설치하는 필터 '플래닛케어Planet Care' 등이 있다. 일부 제품은 세탁 시 발생하는 미세섬유의 80퍼센트까지 걸러 낸다. 국내에서는 구피프렌즈와 비슷한 기능의 세탁망을 제로 웨이스트 가게에서, 세탁기에 부착하는 필터망은 아이쿱생협에서 판매 중이다.

② 세탁기나 건조기에 남은 섬유 찌꺼기를 모아 종량제 쓰레기봉투에 버리자. 하수도나 변기에 버리면 안 된다.

③ 탈수 시간이나 횟수를 줄이자. 탈수 시 원단이 엉키고 마찰을 하면서 미세섬유가 더 많이 나온다.

④ 낮은 온도에서 세탁하자. 물 온도가 높을수록 미세섬유가 더 많이 나온다.

⑤ 액상 세탁세제를 사용하거나 세탁가루를 따뜻한 물에 녹여서 사용하자. 가루와 원단이 마찰하면 미세섬유가 더 많이 나온다.

⑥ 세탁물을 모아서 세탁하자. 세탁기를 많이 채울수록 마찰이 줄어 미세섬유와 전기 사용량을 줄일 수 있다. 단, 세탁기를 꽉 채우면 깨끗하게 세탁되지 않으므로 70퍼센트만 채워 돌린다.

⑦ 합성섬유 의류는 자주 빨지 말자. 자주 세탁해야 하는 속옷이나 수건 등은 천연섬유를 사용한다.

5. 장난감과 어린이용품

❶ 사용하지 않는 장난감과 어린이용품을 정리하고 필요한 것만 보관한다.

❷ 플라스틱 재질에 주의한다. PVC, 폴리스티렌PS, 폴리카보네이트PC, 인조가
죽은 환경호르몬과 중금속의 위험이 있으니 사용하지 않는다.

❸ 플라스틱 대신 금속 원목 천 종이 등의 천연 소재 제품을 고르고, 없을 때는
무독성 제품을 선택한다. (PVC보다는 EVA가 낫다.)

❹ 향이 강하거나 반짝거리는 어린이용품을 피한다.

❺ 새로 구입하기보다 주변과 교환하거나 중고 물품을 이용한다.

❻ 아이가 장난감을 입에 못 넣게 하고 사용한 다음에는 깨끗이 손을 씻긴다.

❼ 어린이제품안전특별법의 KC마크 혹은 친환경인증을 받은 제품을 사용한다.

5R

하나. 거절하기 (사용하지 않기) Refuse

- 쓰지 않는 사은품이나 증정품 거절하기
- 전집이나 세트 구입하지 않기 : 아이가 원하는 것을 낱개로 사준다.
- 반짝이(글리터) 사용하지 않기
  : 축제나 메이크업에 쓰이는데 미세플라스틱이 들어있다.
- 일반 슬라임 대신 천연 슬라임 혹은 친환경 슬라임 사용하기
- 소분 포장(한 회분씩 포장)된 알약이나 시럽 대신 덜어서 먹게 포장된 약과 시
  럽 선택하기
- 화장지나 물티슈 대신 손수건 소창 등 빨아 쓰는 천연섬유 사용하기

둘. 줄이기 Reduce

- 쓰지 않는 장난감과 어린이용품 정리하기

- 전자기기 사용을 줄이고 밖에서 몸으로 놀게 하기 : 스티브 잡스가 정작 본인 자녀들에게는 '애플' 제품을 안 쓰게 했다는 점을 기억한다.
- 플라스틱 제품 줄이기 : 천연섬유 원목 고무 제품을 사용한다.
- 일회용 기저귀 사용 줄이기 : 천 기저귀나 생분해성 기저귀를 사용하고 배변 훈련을 되도록 일찍 시작한다.
  ※ 천기저귀를 대여 회수 세척 배달해주는 서비스업체 '송지' 1004mom.net
- 해마다 재사용할 수 있는 파티용품 선택하기

셋. 재사용 Reuse

- 중고 어린이용품 사용하기 : 어린이용품은 사용 기간이 짧다.
- 장난감 수리해서 재사용하기
  ※ 서울시 녹색장난감도서관 장난감병원 seoultoy.or.kr/new/kids/hospital.php
- 장난감 및 어린이용품 공유하기 : 지자체별로 장난감을 대여해주는 장난감 도서관을 운영하며 어린이용품을 공유하는 카페나 앱이 있다.

넷. 재활용 Recycle

- 채소와 과일 등을 이용해 수성 물감 만들기 : 인터넷에 다양한 방법이 나와 있다.
- 업사이클링 작업으로 아이과 함께 놀기 : 재활용 교실이나 손으로 만드는 워크숍에 아이들을 참여시킬 수도 있다.

다섯. 퇴비화 Rot

- 지렁이를 입양해 아이와 함께 음식물 쓰레기 퇴비화하기
  : 아이들에게 친환경 반려동물을 만들어주자.

어린이용품 전문 중고 샵

- 아이베이비 i-baby.co.kr : 유아, 출산, 아이들 책 등 중고 거래 사이트
- 공유맘 reasons.co.kr : 육아용품 공유 및 대여
- 키플 kiple.net : 작아서 못 입게 된 아이 옷, 책, 장난감 공유 및 판매
- 트루스토어 www.trustore.co.kr : 장난감 재활용 전문 기업 트루가 운영하는 장난감 쇼핑몰. 행사 및 전시에 사용했거나 약간의 흠집이 있어 유통과정에서 버려지는 장난감을 재활용해 저렴하게 판매한다.
- 온라인 맘카페 : 어린이용품 및 육아용품이 올라온다.

친환경 어린이용품

⌂　판매처 정보 pfree.me

어린이 제품과 건강 정보를 얻을 수 있는 곳

- 제품안전정보센터 safetykorea.kr
- 녹색제품정보시스템 greenproduct.go.kr
- 어린이 환경과 건강포털 chemistory.go.kr
- 우리동네 위험지도 2.0 앱 : 어린이용품 유해물질 검출 시험 결과, 우리 동네 화학공장 정보, 의료방사선 누적량 등 유해물질 정보 제공

친환경 교육 및 워크숍

- 서울새활용플라자 seoulup.or.kr
- 경기도업사이클플라자 ggupcycle.or.kr
- 광명업사이클아트센터 gmupcycle.modoo.at
- 장난감 학교 '쓸모' www.trustore.co.kr : 버려진 장난감을 해체하여 새로운 쓸모를 만들고 물건의 순환과 작동 원리를 배우는 워크숍

- 환경교육센터 edutopia.or.kr : 어린이 양육자 교사 지역 주민 등을 위한 환경교육 진행 및 환경교구 개발
- 전주시생활용센터 다시봄 juccb.or.kr
- 녹색교육센터 greenedu.or.kr : 숲 체험, 청소년 녹색 진로 탐험 등 환경교육 진행 및 환경교구 개발
- 소셜이큐 socialeq.co.kr : 업사이클링 및 창작 워크숍 진행
- 아름다운 가게 나눔교육 edu.beautifulstore.org : 되살림 및 자원순환, 공정무역 및 윤리적 소비 교육 워크숍 진행
- 바툴 vatool.com : 페트병을 재활용한 블록 놀이 및 창의력 교구와 프로그램 진행
- 엠에이피교육공작소 mapgong.org : 직접 만들어보는 목공 바느질 도예 등의 교육 워크숍 진행
- 에코샵홀씨 wholesee.com : 생태 미술 교육 및 환경 관찰 워크숍 진행
- 터치포굿 touch4good.com : 재활용의 의미와 자원순환을 알리는 교육 프로그램 진행
- 플레이31 facebook.com/play31design : 재활용을 통해 어린이 놀이 도구 만들기 워크숍 진행
- 반짝반짝 지구상회 jaejudojoa.com : 제주도에서 바다 쓰레기 줍기(비치코밍)와 쓸모 있는 것을 만드는 워크숍 및 예술 프로그램 진행
- 쉐어라이트 share-light.org : 재활용 제품을 이용한 빛과 에너지 교육 워크숍 '찾아가는 과학교실' 진행

자원순환 체험 공간

- 서울새활용플라자(서울시 성동구) : 재활용에 디자인을 더한 '새활용'을 배우고 경험하는 자원순환 복합문화공간이다.
- 서울도시금속회수센터(SR센터) : 소형 전자제품을 사용할 수 있는 것과 판매 가능한 부품, 폐기할 부품으로 분류하는 센터로 현장 견학과 체험 프로그램을 운영한다.

- 서울하수도과학관 : 우리가 쓰고 버린 오염된 물이 어떻게 처리되는지 다양한 정보를 알 수 있고 체험 프로그램도 운영한다.

  ※ 세 공간(서울새활용플라자, 서울도시금속회수센터, 서울하수도과학관)은 근처에 위치하므로 한번에 같이 방문하면 좋다.

- 수도권리사이클링센터(경기도 용인시) : 전자 폐기물 처리 과정 및 도시 광부가 하는 일을 알 수 있다.

- 업사이클리스트(서울시 광진구) : 7개의 업사이클링 브랜드가 한곳에 모여 있는 오프라인 편집 샵이다.

- 자원순환공원(서울시 송파구) : 전국 최초의 폐기물 자원순환 테마공원으로 폐기물 처리시설과 공원이 함께 운영되는 시민 공간이다.

- 강동퇴비공원(서울시 강동구) : 캐나다에 이은 세계 두 번째 퇴비 테마파크. 재활용 자재로 만든 퇴비화 시설과 자원순환 텃밭, 빗물 재활용 장치, 퇴비 장독대, 생태 화장실 등이 있다.

- 마포문화비축기지(서울시 마포구) : 시민들의 아이디어에 친환경 복합문화공간으로 재탄생한 예전 석유비축기지로 '모두의 시장' '어린이 놀이 워크샵' 등 다양한 프로그램을 진행한다.

- 리앤업 사이클숍(서울시 송파구·마포구) : 주민이 직접 운영하는 새활용·재활용 공간으로 수리, 수선, 물건 나눔, 재활용 물품 판매, 자원순환 워크숍이 열린다.

- 에코미술관(서울시 성동구) : 플라스틱 프리 콘셉트로 꾸민, 어린이들을 위한 체험형 환경 미술관이다.

- 오산맑음터공원에코리움(경기도 오산시) : 하수종말처리장 부지 내에 생태학습체험장이 있으며 자원순환 교육과 체험 프로그램을 운영한다.

- 자원순환홍보관(경기도 성남시) : 금속캔 유리병 플라스틱 종이팩 등의 재활용 과정을 알 수 있다.

- 판교환경생태학습원(경기도 성남시) : 생태계 보전 교육, 전시, 놀이 프로그램을 운영한다.

- 광명업사이클아트센터(경기도 광명시) : 업사이클링 전시 체험학습 워크숍 등

다양한 프로그램이 있다.

- 부천아트벙커B39 (경기도 부천시) : 쓰레기 소각처리장을 그대로 살려 미술관과 카페 등 예술문화공간으로 재탄생한 곳이다.
- 청주새활용시민센터(충북 청주시) : 충청도의 자원 재생과 공유를 위한 플랫폼 공간이다.
- 전주시새활용센터 다시봄(전북 전주시) : 업사이클 체험과 전시, 자원순환 기업들이 입주한 플랫폼 공간이다.
- 인천업사이클에코센터(인천시 남구) : 업사이클링 전시와 체험학습, 에코도서관, 생태 텃밭, 생태 놀이터 등을 운영한다.
- 한국업사이클센터(대구시 서구) : 업사이클 아이디어를 내고 협업하는 복합문화공간이다.
- 재활용 선별장 및 자원순환센터 : 각 지자체별로 재활용 선별장이나 자원순환센터에서 방문 신청을 받아 분리배출이나 체험 프로그램을 진행한다. 서울 성동구 자원회수센터는 새활용플라자 근처에 있으니 함께 방문하면 좋다. 각 지자체 구청이나 센터에 문의한다.
- 자원회수시설 : 서울에는 수거된 생활 쓰레기를 처리하는 자원회수시설이 강남, 노원, 양천, 마포 4곳에서 운영 중이다. 견학 신청 시 해설을 들을 수 있다.
- 퇴비 및 사료화 센터 : 각 지자체에 문의하면 음식물 쓰레기를 처리하는 센터를 알려준다.

자원순환 체험 공간

6. 사무용품과 전자제품

원칙

❶ 쓰지 않는 책과 문구류를 정리하고 간소하게 유지한다.
❷ 되도록 전자파일, 전자책, 이면지를 사용한다.
❸ 재활용 문구, 천연소재 제품, 무독성 제품을 사용한다.
❹ 인쇄 시 이면지 ⇒ 재생용지 ⇒ 식물 부산물 종이 ⇒ FSC(지속 가능 산림 인증) 종이 순으로 선택하고 콩기름으로 인쇄한다.

5R

하나. 거절하기(사용하지 않기)

- 불필요한 광고나 우편물 발송처에 연락해 수신 거절하기
- 사용하지 않는 달력 인쇄물 홍보물 등 거절하기
- 공과금, 카드 명세서 등 이메일이나 문자로 받기
- 안부 편지 및 초대장은 이메일 혹은 메신저로 보내기
- 신용카드는 모바일이나 휴대폰 내장 카드로 발급 받기 : 신용카드는 나쁜 플라스틱인 PVC로 제작된다. 친환경 상품 구매와 대중교통 이용 시 혜택을 주는 '그린카드 V2'의 경우 식물성 플라스틱 함유량이 50~85퍼센트이다.
- 영수증을 받지 않거나 전자 영수증 받기
- 명함 정리 앱을 사용하기 : 명함 사진을 찍으면 연락처가 자동으로 저장된다. 혹은 명함 대신 문자나 이메일로 연락처를 주고받는다.
- 명함 제작 시 플라스틱 통 말고 종이 박스에 넣거나 고무줄로 고정해달라고 미리 요청하기
- 온라인 구매 시 뽁뽁이를 거절하는 배송 메모 남기기
- 비닐 테이프 대신 종이 테이프 사용하기
- 플라스틱 인덱스 대신 종이 인덱스나 금속 북 클립 사용하기

- 샤프 대신 연필 사용하기
- 나무, 금속, 펠트 등 천연 소재 제품 사용하기
- 파일 고정 시 심 없이 박히는 스테이플러나 금속 클립 사용하기
- 전자기기와 인터넷에서 자발적으로 탈출하는 '비접속' 시간 갖기
- 금연 또는 꽁초 함부로 버리지 않기 : 담배 필터에도 플라스틱이 들어있다.
  흡연자는 꽁초를 거리에 버리지 않고 종량제봉투에 버린다.

  ※ 연세대 학생들이 자발적으로 꽁초 수거함을 설치했는데, 수거된 꽁초는 비료로
  재활용하는 기업에 보낸다. 이런 수거함이 거리 곳곳에 생기면 좋겠다.

둘. 줄이기 *Reduce*

- 종이 대신 온라인 구독 및 전자책 이용하기
- 전자팩스 이용하기 : 인터넷 검색창에 '전자팩스'를 검색하여 이용한다.
- 컴퓨터에 친환경 프로그램 설치하기
  : 절전 및 인쇄용지 절감이 되는 자동 프로그램을 컴퓨터에 깔아 전기와 종이
  사용을 줄인다. (green-office.kr 무료 다운)
- 인쇄 시 용지 여백을 줄이고 흑백 출력하기
  : '모아찍기'나 양면 출력 기능을 사용한다. 종이가 금과 같다는 의미의 '지금하
  자' 홈페이지에서 종이를 절약하는 다양한 툴킷을 볼 수 있다. 사무실과 교실
  에 붙여놓고 다 함께 실천할 수 있는 '지금함'을 다운받자.
  http://paperisgold.org
- 코팅지나 라벨지 사용 줄이기 : 재활용이 되지 않는다.
- 몽당연필에 펠트로 만든 홀더를 끼워 끝까지 사용하기
- 합성 접착제 사용 줄이기 : 끈으로 묶거나 친환경 무독성 접착제를 사용한다.
  우유를 이용해 유리병에 종이를 붙인다.
- 명함용 도장을 제작해 종이에 찍어 명함 만들기
- 휴대폰 케이스 오랫동안 사용하기 : 휴대폰 케이스 구입 시 플라스틱보다는
  나무나 실리콘 소재를 선택한다.

  ※ 플라스틱 프리 액체형 휴대폰 액정 및 생분해 케이스 구입(해외 배송): pelacase.

com

- 과대포장하지 않거나 신문지나 지아미(종이 포장재)를 충전재로 사용하는 온라인 가게에 주문하기
- 신제품 구입 줄이기 : 시스템을 업그레이드하거나 수리하여 사용한다.
- 도서관 이용하기 : 다 읽은 책은 중고로 거래하거나 기증한다.

셋. 재사용 *Reuse*

- 받은 우편물 봉투 재사용하기 : 주소 부분에 라벨지를 붙여 봉투로 다시 쓴다.
- 가까운 우체국에 깨끗한 뽁뽁이 가져다주기 : 우체국에서 소포를 보내는 사람에게 제공된다.
- 충전용 건전지 사용하기
- 충전용 잉크 카트리지 사용하기
- 잉크 충전용 만년필 사용하기
- 가스 충전식 라이터 사용하기

넷. 재활용 *Recycle*

- 우편 봉투의 경우 비닐 창을 제거한 후 종이로 분리수거하기
- 엽서 그림책 잡지를 편지지와 봉투로 재활용하기
- 사탕수수 대마 밀 등 식물 부산물로 만든 종이 사용하기 : 인쇄소에 해당 종이를 입고시키거나 취급하는 인쇄소를 이용한다.

다섯. 퇴비화 *Rot*

- 연필 깎은 찌꺼기를 퇴비화하기
- 잘게 분쇄한 종이를 퇴비화하기

이면지 노트 만들기

❶ A4 이면지의 인쇄된 면이 안으로 오게 하고 가로로 절반을 접어
❷ 15장을 같은 방향으로 겹치고 두꺼운 종이를 맨 위와 맨 아래에 놓고
❸ 못과 망치 혹은 펀치로 일정 간격으로 구멍을 뚫어
❹ 바늘로 구멍을 따라 실을 꿰고 매듭을 묶는다.

위의 방법은 이면지를 한 장씩 일일이 반으로 접어야 한다. 세상만사 귀차니스트
인 나는 A4 이면지 20장을 가로 방향으로 반으로 접고 출력된 면이 보이도록 모
은다. 두꺼운 종이를 반으로 접고 가운데 고무줄을 끼울 홈을 낸다. 두꺼운 종이가
커버가 되도록 맨 가장자리에, 안쪽에는 이면지 20장을 가지런히 놓은 다음 고무
줄을 끼워 고정한다. 이면지를 다 쓰면 고무줄에서 이면지를 빼서 종이로 분리배
출하고 다시 이면지 노트를 만들어 사용한다. 커버 대신 북 커버를 사용해도 된다.

친환경 사무용품

⌂ 판매처 정보 pfree.me

친환경 종이 구매 및 인쇄

- '작은것이아름답다' 재생지 구매 사이트 green-paper.org
- 리드릭 ridrik.com : 중증 장애인의 일자리와 삶의 질 향상을 도모하는 사회
  적기업으로 친환경 재생지 구매 가능.
- 노란들판 norandp.co.kr : 장애인과 비장애인이 함께 일하는 사회적기업으
  로 친환경 재생종이를 선택해 인쇄할 수 있다.
- 신사고 하이테크 sinsagohitech.co.kr : 친환경 무알콜 인쇄, 재생용지, 식
  물성 콩기름, FSC(국제산림협의회 지속 가능 목재 인증)로 인쇄할 수 있다.
- 두성종이 인더페이퍼 inthepaper.co.kr : 친환경 종이 카테고리에서 고지율

100퍼센트 흑지, 식물성 부산물로 만든 '바이오사이클' 선택, 을지로4가와 강남본점 두성종이 인쇄에서 종이를 선택하고 인쇄를 맡길 수 있다.

- 사탕수수 부산물로 만든 종이 얼스팩 earthpact.co.kr : 얼스팩에 인쇄 가능한지 미리 인쇄소에 문의한 후 진행한다.
- 녹인이디컴 02. 2268. 4763 : 재생용지 및 식물성 콩기름 인쇄 가능하며 충무로에 있다.
- 인쇄소에서 재생지로 많이 이용되며 가격이 적당한 종이는 '그린라이트' 혹은 '앙코르지'이다. 재생지 특유의 종이 질감이며 인쇄 품질이 나쁘지 않다.

도서 구입

월급 타면 제일 먼저 5만원을 들고 우리 동네 책방에 가서 좋아하는 책을 한껏 구경하다 산다. 내가 가장 사랑하는 쇼핑 대상은 책이고, 가장 사랑하는 시간은 룸메이트와 집에 누워 만화책을 볼 때다. 만화책은 온라인 서점에서 전자 파일로 구매하거나 대여하지만, 글씨 많은 책은 여전히 종이로 보는 게 좋다. 책을 읽으면서 북 클립으로 기억할 부분을 표시해놓고 다 읽은 후 따로 메모해 파일로 저장한다. 책 내용을 나중에 인용하거나 기억하기 좋다. 한마디로 책에서 간직하고 싶은 부분이 '내 문서'로 고스란히 남는 것. 다 읽고 바로 주변에 돌린다. 끼리끼리 논다고 친구들에게 선보이면 "나, 이 책 읽고 싶었어"라며 인기리에 사라진다.

많은 책을 집에 두고 싶을 땐 국민도서관 '북키핑' 서비스를 이용한다. 보관 비용을 내면 도서 전문 보관처에 책을 맡기고 언제든 찾을 수 있다. 또 책 주인은 필요한 사람에게 맡긴 책을 빌려주고 대여비를 받을 수도 있다. (www.bookoob.co.kr)

여행을 가거나 가방이 무거울 때는 전자책 단말기를 이용한다. 나는 열린 서재 기능이 있는 '크레마'를 쓴다. 외부 앱 5개를 등록할 수 있는데 해외서적을 볼 수 있는 '아마존 킨들' 앱도 깔린다. 한 번만 충전해도 오래가고 눈도 피로하지 않다.

7. 행사와 기념일

원칙

❶ 물건 대신 경험과 시간을 나눈다.

❷ 직접 만든 선물을 주고받는다.

❸ 업사이클링 및 플라스틱 프리 제품 혹은 먹거나 퇴비화할 수 있는 선물을 선택한다.

❹ 다회용품을 사용한다.

❺ 포장을 간소화하고 버려진 물건을 재활용해 포장한다.

5R

하나. 거절하기(사용하지 않기) 및 줄이기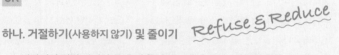

* 연말연시 명절 기념일 등에 새 물건 주고받지 않기 : 따뜻한 말과 손 편지, 식사 혹은 가지고 있는 물건으로 마음을 나눈다.

* 행사용 사은품을 주고받지 않기

* 티켓과 서비스 선물 주고받기 : 수강권, 모바일 쿠폰, 티켓(콘서트·영화·동물원·전시회·여행 등), 서비스 제공(직접 해주는 마시지 쿠폰·식사 대접 쿠폰 등), 현금성 선물(현금·상품권·지역화폐)을 이용한다.

* 전자우편이나 메신저로 행사를 알리고 축하하기

* 엽서를 쓰거나 편지지 겉면에 주소를 적고 3단으로 접어 봉투 없이 우편물 보내기

* 선물 대신 그 사람 이름으로 시민단체나 복지시설에 기부하기

    ※ 서울그린트러스트greentrust.or.kr: 서울숲, 서울어린이대공원에 기부자가 지정한 이름이 새겨진 공원 벤치를 세워주는 벤치 입양 프로젝트 '함께해요, 벤치입양'을 운영한다.

- '블랙프라이데이'(11월 마지막 목요일 추수감사절 다음 날로 1년 중 가장 큰 세일 기간)'에 해외 배송으로 물건 구매하지 않기
- 선물 받기 전 미리 필요한 물건을 주변에 알리기
- 고장 난 트리, 낡은 행사 장식품 등 파티용품 정리하기
- PVC 플라스틱이나 복합 플라스틱 행사용품 구입하지 않기
- 행사에 일회용품(접시·수저·젓가락·포크·컵·테이블보 등) 쓰지 않기
- 일회용 사용 시 생분해 식물성 제품(우뭇가사리·쌀 빨대, 낙엽·야자수·바나나 잎 접시 등) 사용하기
- 일회성 행사에 현수막 사용 줄이기 : 실내 행사의 경우 종이 판지에 제작하거나 빔 프로젝터를 통해 스크린에 투사한다. 배너의 경우 캔버스 천이나 타이벡(재활용 가능하며 소각 시 물과 이산화탄소만 남는 친환경 소재)에 인쇄한다.

셋. 재사용 Reuse

- 불필요한 선물은 고마운 마음을 간직한 채 필요한 곳에 기증하기
- 사용하지 않는 보자기나 자투리천으로 포장하기
  : 인터넷에 보자기를 예쁘게 접는 다양한 방법이 나와 있다.
- 매해 기념일 행사용품 재사용하기
- 모임 전 개인 식기와 텀블러 등을 지참하라고 공지하기
- 행사 때 티셔츠를 맞추지 않고 종이 홍보물 부착하기
  : 종이나 자투리천에 행사명을 적은 후 상의에 붙인다. 참가자들에게 착용할 티셔츠 색을 미리 지정해 주면 행사 티셔츠를 맞춘 듯한 효과가 난다. 색상이 단일한 흰색, 회색, 검은색, 빨간색 등이 통일감을 준다.

넷. 재활용 Recycle

- 행사에 잎사귀 꽃 나뭇가지 등 자연물 활용하기
  넓은 잎과 색이 예쁜 낙엽 등을 선물 포장에 사용하고 양초 아래 깔거나 리스로 장식한다.
- 사용한 지퍼 백, 종이 박스, 양철통, 빵 종이, 지끈으로 선물 포장하기

: 포장지에 '빈티지'라고 적어 재미를 더한다.

다섯. 퇴비화 ~~Rot~~

- 행사에 사용한 잎사귀 꽃 나뭇가지 등을 퇴비화하기
- 생분해성 식기(낙엽 접시·쌀 빨대 등) 퇴비화하기

깨알 정보

친환경 행사

- 플라이 flry.kr : 행사에 사용된 꽃을 기부받아 재활용하는 업체. 재활용된 꽃을 전시하고 워크숍도 하는 '플라워 트래쉬 페스티발'을 진행한다.
- 공공디자인 이즘 pdism.com
  : 종이 판지로 엑스배너, 현수막, 이름표 등을 제작하는 사회적기업
- 페이퍼 케이 www.paper-k.com
  : 종이 판지로 행사 부스, 현수막, 조형물 등을 제작하는 곳
- 페이퍼팝 paperpop.co.kr
  : 종이로 침대, 책상 등 다양한 일상의 물건을 만드는 곳
  ※ 종이 홍보 인쇄물은 포털 사이트에서 '허니콤보드'로 검색
- 노란들판 공생공장 프로젝트 norandp.co.kr : 장애인과 비장애인이 함께 일하는 사회적기업으로 일반 합성소재 현수막 대신 친환경 타이벡 현수막을 제작하고 이후 회수해 타이벡 재활용 제품을 만들어 판매
- 트래쉬 버스터즈 http://trashbusters.kr
  : 대규모 축제와 행사에서 다회용기와 식기를 대여하고 세척하는 올인원 서비스 업체. 다회용기 렌탈 서비스도 준비 중

재사용 식기 및 컵 대여

- 서울 용산구청·마포구청, 대전광역시 등 다회용식기 대여 운영 중(지자체 문의)
- 서울 마포구 성미산마을 '사람과 마을' 다회용품 대여소 cafe.naver.com/

sungmisansm

- 텀블러 대여 및 음료 서비스 업체
  - 보틀팩토리 instagram.com/bottle_factory
  ※ 오아시스 서울(스마트서울맵 '오아시스 서울') : 생수 대신 텀블러를 가져오면 식수를 무료로 제공하는 곳을 표시한 지도. map.seoul.go.kr/smgis2/short/6NWsS

대안

- 본플라 shop.bonplats.com : 야자나무 잎을 압축해 만든 일회용 접시 판매
- 마린이노베이션 : 해조류로 만든 일회용 접시와 컵 등 판매
- 아이엠그리너 iamgreener.modoo.at
  : 옥수수 전분PLA 재질로 만든 일회용 접시, 컵, 빨대 등 판매
- 밀크포라오 milkforlao.com : 야자수 잎으로 만든 접시를 판매하며 라오스에 일자리를 만드는 활동을 한다.
  ※ Biotrem biotrem.pl/en : 밀겨로 만든 일회용 접시와 식기류 판매(해외 배송 제품)
- 쓰레기 제로 행사 다과 준비
  - 주문 시 비닐 및 개별 포장 없이 판매가 가능한 가게인지 확인한다. 떡집, 빵집, 분식점, 즉석식품점 등이 가능하다. 가능하다고 할 경우 주문하는 음식에 알맞는 용기를 미리 가져간다.
  - 전통시장 옛날 과자점이나 뻥튀기 가게, 대형마트에서 대용량 과자를 구입해 행사 당일 테이블별로 접시에 담아 제공한다.
  - 행사장에 직수 정수기가 있을 경우 오미자와 매실 엑기스 등을 구입해 물과 희석해 음료를 만든다. 개인별로 생수를 제공하지 않는다.
  - 뻥튀기를 개인 접시로 이용한다. 주먹밥, 과자, 과일 등 웬만한 다과를 올릴 수 있다.
  - 사전에 텀블러, 자기 용기, 젓가락 등 필요한 개인용품을 공지한다.

8. 외식 및 여행

❶ 텀블러, 장바구니, 젓가락, 손수건을 늘 가지고 다닌다.
❷ 일회용 용기를 사용하지 않는 식당을 이용한다.
❸ 배달 음식보다는 식당에 가서 먹거나 집밥을 해 먹는다.
❹ 캠핑 및 여행용품, 숙소를 공유한다.

5R

하나. 거절하기 (사용하지 않기) Refuse

- 카페에서 주문 시 빨대 거절하기
- 카페에서 스틱 대신 티스푼 요구하기
- 설탕 시럽 등을 통에서 덜어 쓰는 카페와 식당 이용하기
- 쟁반에 깔아주는 종이 거절하기
- 일회용 수저 나이프 등 사용하지 않기
- 제과점에서 비닐 포장이 안 된 빵 구입하기 : 비닐봉지를 쓸 경우 한 장에 여러 종류를 함께 담는다.
- 앱이나 무인 주문대 이용 시 '자기 컵' 체크하기 : 선택지가 없을 땐 주문 후 카운터에서 주문 번호를 말하고 텀블러를 내민다.
- 배달 음식 주문 시 수저, 젓가락, 소스, 전단지 등을 빼달라고 미리 말하기
  : 일부 배달업체 앱은 일회용 수저 수령 여부를 선택하는 칸이 있다.
- 푸드트럭에서 주문하거나 테이크아웃 음식을 살 때 용기 지참하기
- 물티슈를 거절하고 화장실에서 손 씻기
- 이쑤시개 사용 대신 양치하기
  : 칫솔과 치약을 가지고 다니면 치아 건강에도 좋다.
- 아이스크림콘을 선택하거나 자기 용기나 텀블러에 아이스크림 주문하기

- 피자 주문 시 중간 고정대(플라스틱) 빼달라고 하기
- 배달 음식 주문 시 음식을 제외한 나머지는 돌려보내기
  : 광고지, 냉장고 자석, 일회용품 등은 재사용을 부탁한다.
- 비행기 여행 시 일회용품 거절하기 : 항공사에서 제공하는 담요, 이어폰, 칫솔, 기내용 실내화 등을 사용하지 않는다. 모두 비닐봉지에 싸여있다. 대신 가볍고 따뜻한 겉옷, 안대, 텀블러, 이어폰, 책, 수면 양말과 편한 신발을 준비한다.
- 숙소의 일회용 어메니티(무료로 제공되는 편의물품) 사용하지 않기
  : 일회용을 사용하는 숙소에 다회용을 사용하라고 요구한다.
- 정수 물병 사용하기 : 여행할 때 필터가 달린 물병이나 라이프 스트로우를 사용해 생수를 사지 않는다.
- 해외 여행 시 "비닐봉지와 플라스틱을 쓰지 않아요" "노 플라스틱"이란 뜻의 현지어를 배워 써먹기

둘. 줄이기 *Reduce*

- 밀랍랩이나 자기 용기에 남은 음식물 싸오기
  : 밀랍랩은 손수건처럼 들고 다니기 편하다. 뜨겁거나 물기가 있는 음식이 아니라면 남은 튀김, 만두, 과일, 빵 등을 포장해 음식물 쓰레기를 줄일 수 있다. 더 좋은 방법은 남기지 않을 만큼 애초에 적당량을 주문하는 습관이다.
- 여행 짐을 최대한 간소하고 가볍게 꾸리기
- 여행 가서 물건 사지 않기
  : 요리 교실, 마사지 받기, 서핑 수업 등 체험 위주로 즐긴다.
- 비행기 여행 줄이기 : 비행기 여행에서 면세점 비닐봉지, 기내식, 수하물 탭 등 엄청난 쓰레기와 엄청난 탄소발자국이 발생한다.
- 여행할 때 자전거를 타거나 많이 걷기 : 여행을 여행답게 만든다.
- 여행 시 샴푸 바 사용하기
  : 머리부터 발끝까지 샴푸 바 하나로 씻을 수 있고 손빨래도 할 수 있다.
- 음식을 해 먹을 수 있는 숙소를 선택해 직접 해 먹기
  : 여행지의 전통시장을 경험하는 방법이며 장바구니와 용기를 가져가면 일회

용품 사용도 줄일 수 있다.

셋. 재사용 *Reuse*

- 재사용 용기를 사용하는 가게나 케이터링 업체 이용하기
- 배송상자나 아이스팩을 재사용하는 업체 이용하기
- 자주 쓰지 않는 캠핑 장비나 여행용품, 숙소 공유하기
- 여행 시 모기기피제 및 벌레 물린 데 바를 연고를 직접 만들어 쓰기
  : 모기기피제는 에탄올에 통계피를 2주 정도 넣은 다음 시트로넬라 오일을 섞어 만든다. 벌레 물린 데는 죽염 연고를 만들어 바른다. 인터넷에 다양한 레시피가 나와 있다. 좋은 죽염을 쓸수록 효과가 좋다.

넷. 재활용 *Recycle*

- 재활용 포장재 및 완충재를 사용하는 업체 이용하기 : 신문지나 종이 완충재를 사용하는 업체가 늘고 있다.
- 테이크아웃 컵을 10개 모아 스타벅스에 가져가기 : 음료 주문 시 300원 할인된다.
- 2022년부터 일회용 컵보증금제 시행! 사용한 테이크아웃 컵을 카페 매장에 돌려주고 보증금 받기

다섯. 퇴비화 *Rot*

캠핑할 때 음식물 쓰레기를 땅에 묻어 퇴비화하기

배달음식 케이터링 재사용 식기 사용 업체

- 수도시락 su4124.kr
- 전환마을부엌밥풀꽃 facebook.com/babfullggot
- 용기를 회수해 가는 중국 요리집(확인 후 주문)
- 오색오미 밥상 facebook.com/osombabsang
- 달냥 비건 카페(서울 은평구) : 음료 및 비건 먹거리를 재사용 용기에 케이터링 서비스

온라인 쇼핑몰

- 현대 쇼핑몰 hyundaihmall.com : 아이스팩 재사용 캠페인
- 헬로네이처 hellonature.net : 배송 상자를 재사용하는 '더그린배송'
- 신세계 쇼핑몰: 새벽 배송에 재사용 상자 '알비백' 사용
- CJ오쇼핑: 재활용하기 쉬운 종이 배송 박스 사용
- 아모레퍼시픽, 러쉬: 깨지기 쉬운 화장품 배송에 종이 완충재 및 뜨거운 물에 분해되는 생분해 완충재 사용
- 바다드림 hwoieating.com/shopinfo/company.html : 콩기름으로 인쇄한 코팅 안 된 종이에 회를 배달하는 '회이팅' 배송

재활용 및 생분해 완충재

- 처음애 : 목재를 켜는 과정에서 발생하는 부산물을 뽁뽁이 대신 사용
- 지아미 setkorea.co.kr : 벌집 모양의 종이 완충재 사용
- 아신티엔에프 smartstore.naver.com/asintnf : 100퍼센트 종이 테이프 (코팅되지 않아 상자에서 떼어내지 않아도 재활용됨), 종이 완충재 제작 기계 '버블페이퍼', 택배 박스에 종이 테이프를 자동으로 붙여주는 디스펜서 등 판매.

카페·음료 관련

- 플라스틱 프리 빨대

  유리·대나무·실리콘·스테인리스·쌀·우뭇가사리 빨대 등 다양한 종류가 나와 있다. 세척 솔로 안을 세척할 수 있고 절반으로 분리돼 세척하기 쉬운 빨대도 있다. 하지만 빨대를 안 쓰면 입가 주름도 예방할 수 있으니 되도록 사용하지 말자.

- 텀블러 고르기

  보온·보냉에 좋은 재질은 스테인리스지만 '쇠'맛이 느껴질 경우 밀폐되는 유리병을 선택한다. 아이스 음료를 담으려면 473mℓ 이상인 크기가 좋다. 입구가 넓어야 쉽게 얼음이나 음료를 담을 수 있고 세척도 간편하다. 나는 평소엔 350mℓ 텀블러를, 여행할 땐 600mℓ 실리콘 텀블러를 들고 다닌다. 둘둘 말리는 실리콘 물병은 가방에 쏙 들어가고 무게도 가볍다.

1회용품 줄여가게

▶ 텀블러 세척 및 주의사항

① 텀블러에 소다(세스퀴소다, 과탄산소다, 베이킹소다 중 한 종류)를 넣고 따뜻한 물을 부어 30분 정도 담가둔다.

② 소다를 비우고 구연산이나 식초로 헹군다.

③ 세척 후 바짝 말렸다가 사용한다.

- 음료를 오래 담아두면 세균이 번식한다. 특히 오렌지 주스 등 산성 음료나 유제품이 든 음료는 마시고 바로 헹구자.

- 텀블러에 뜨거운 음료를 다 채우지 말자. 뚜껑을 닫고 흔들면 폭발하거나 음료가 샐 수 있다.

스테인리스 텀블러는 연마제 제거 후 사용한다. (202쪽 참조)

이것만은 알아두세요! 분리배출 상식

재활용에 앞서 애초에 쓰레기가 나오지 않는 제로 웨이스트와 재사용이 먼저라고 누누이 강조했다. 그러나 쓰레기 제로와 재사용 문화는 시간이 많이 걸리고 사회적 인식과 제도가 필요하다. 따라서 지금 당장 할 수 있는 보편적 행동은 분리배출을 잘하여 재활용되지 않고 버려지는 폐기물을 줄이는 거다. 사실 지금껏 분리수거만 강조했지, 어떻게 하는지는 모른 척 해왔다. 한국의 분리수거율은 세계 2위지만 재활용률과 분리수거율은 '님'에 점 하나 붙이면 '남' 되는 것처럼 엄청난 차이가 난다. 한국의 재활용률은 60퍼센트라고 자랑하지만 실제 재활용가능자원으로 분리배출되는 플라스틱은 평균 28.7퍼센트에 불과하다.★ 재활용을 잘하면 석유 사용도, 쓰레기도, 미세플라스틱도, 탄소배출량도 낮아진다. 또 소각장에서 태우는 쓰레기가 줄어 미세먼지도 적어지고 해외 폐플라스틱 수입도 막는다. 현재 미국과 일본산 폐플라스틱이 대거 국내로 수입되고 있다. 국내에서 생활 폐기물을 1퍼센트만 재활용해도 한 해 639억 원의 이익이 발생한다.★ 그러니 우리 함께 지구를 구하는 심정으로 제대로 된 분리배출에 나서보자.

재활용을 위한 분리배출 기본 원칙 '비헹분섞'

1   비우기
2   헹구기
3   분리하기
4   섞지 않기

재활용을 위한 분리배출 FAQ(해당 지자체별로 다름)

Q   택배 끈, 비닐 테이프, 철사 끈, 신용카드, 고무장갑 등은 어디에 버리나요?
A   재활용 여부가 헷갈릴 경우 얇고 가볍고 작은 플라스틱은 종량제봉투에 버

리기

Q 프링글스 통, 일회용 라이터, 리모콘, 키보드 등은 어디다 버려야 하나요?

A 서로 다른 재질이 분리되지 않을 경우 종량제봉투에 버리기

Q 매니큐어가 든 용기, 김 봉지 같은 건요?

A 이물질을 제거하기 힘들면 다른 재활용품의 오염을 막기 위해 종량제봉투에 버리기

분리배출을 도와주는 길잡이 앱

- 내손안의 분리배출
  : 분리배출 원칙이 잘 나와 있다. 분리배출이 궁금할 때는 Q&A에 질문하면 답을 얻을 수 있다.
- 오늘의 분리수거
  : 주민센터, 구청 등에 설치된 분리수거 기계의 위치를 확인한다. 페트병이나 우유팩을 기계에 넣으면 포인트와 우유 등을 받을 수 있다. 동네에 없으면 분리수거 기계 설치를 요청할 수 있다.

종류별 분리배출 꿀팁

❶ 종이류

- 비나 물에 젖지 않아야 한다.
- 비닐 코팅이 된 광고 전단지가 섞이지 않아야 한다. (겉 부분에 얇은 비닐 코팅 막이 있으면 안 됨)
- 코팅 여부가 헷갈리면 손으로 쉽게 찢어지는 종이를 분리수거한다. (해리 과정에서 필름류가 제거된다.)
- 비닐코팅 표지, 스프링, 스테플러 심, 운송장, 비닐 테이프 등을 제거 후 배출한다.
- 분쇄된 종잇조각(파지)도 종이류에 속한다.
- 종이컵, 종이팩, 멸균팩은 다른 종이류와 섞이지 않게 배출한다.
- 종량제봉투에 버릴 종이류 : 영수증, 은박지, 벽지, 나염지, 인화지, 부직포, 기

름종이(트레이싱지), 식품용 유산지, 일회용 기저귀나 생리대, 사용한 휴지

❷ **헌 의류**

· 입을 수 없는 옷은 깔끔한 상태로 폐의류 전용 수거함에 배출한다.

· 수거함이 없을 경우 종량제봉투에 배출한다.

· 종량제봉투에 버려야 하는 헌 의류 : 한복, 담요, 솜, 베개, 카페트, 가죽제품, 방수 코팅된 옷, 구두, 샌들, 슬리퍼, 머플러, 모자

❸ **플라스틱류**

· 가능한 한 압착하여 부피를 줄인다.

· 알루미늄 뚜껑은 고철로 분리배출한다.

· 페트병 수거함이 따로 있을 경우 페트병만 따로 모아 배출한다. 없을 땐 플라스틱류에 넣는다.

재활용되지 않는 플라스틱

- 열에 잘 녹지 않는 플라스틱 (전화기·소켓·고무 대야·고무장갑·전기전열기·단추·멜라민 식기류·재떨이 등)
- PVC 플라스틱(파이프·빗물받이·장판·전선·세탁기 배출 호스 등)
- 복합 재질(예완구류·CD·DVD·카세트 테이프·가전제품 케이스·정화조·필기구·면도기·칫솔·알약 포장재·전기 파리채 등)
- 생분해성 플라스틱

---

❹ **비닐류**

· 플라스틱류와 섞이지 않게 투명한 봉지로 배출한다. (재활용 선별장에서 플라스틱과 섞인 비닐 때문에 어려움을 겪는다. 반드시 플라스틱과 비닐을 따로 분리한다.)

· 필름, 랩, 뽁뽁이, 세탁소 비닐, 분리배출 표시가 없는 비닐 등도 모두 비닐류로 배출한다.

- 비닐과 종이가 섞인 쌀 포장재, 사료 포장재 등은 분리배출 표시에 따라 배출한다.
- 종량제봉투에 버리는 비닐류 : 양파 망, 택배 끈, 고무장갑 등

❺ 금속캔
- 에어로졸, 부탄가스 통, 살충제 통 등은 통풍이 잘 되는 장소에서 캔 몸통에 구멍을 뚫은 후 배출한다.
- 알루미늄 호일은 종량제봉투에 버린다.

❻ 고철류
- 고철 전용수거함에 배출하거나 없을 경우 고철류를 따로 묶어서 금속캔 수거함에 배출한다.
- 페인트, 오일 통 등은 재활용이 되지 않는다. (쓰다 남은 페인트류는 지자체에 문의해 생활계 유해폐기물로 배출하고 통은 종량제봉투에 버린다.)
- 스테인리스 텀블러라도 뚜껑, 밑바닥 등에 타 재질이 사용되었다면 재활용이 안 된다.

❼ 유리병 및 유리 종류
- 종이 라벨은 뜯지 않고 배출해도 된다.
- 소주 , 맥주 등 빈 용기 보증금 대상 유리병은 상점에 반납하고 보증금을 환급받는다. 보증금 환불 거부 신고 시 최대 5만원까지 보상받을 수 있다.
- 빈 농약병은 다른 병류와 섞이지 않게 따로 마대에 모아 배출한다.
  ※ 종량제에 버릴 유리 : 거울, 안경, 깨진 유리(신문지나 자투리천으로 감싼 후 종량제봉투에 배출한다.) 내열식기류, 유리 냄비뚜껑, 크리스탈 유리 제품

❽ 스티로폼
- 양념이 묻어 있는 스티로폼은 종량제봉투에 버린다. 컵라면 용기는 세척 가능하면 분리수거, 불가능하면 종량제봉투에 버린다.

- 개별 과일 받침 스티로폼(과일 난좌)은 종량제봉투에 버린다.
- 폐스티로폼은 플라스틱 및 비닐류와 구분하여 별도의 전용 수거함에 배출한다. 전용 수거함이 없을 경우 흩어지지 않도록 묶어서 배출한다.
- 건축 자재용 스티로폼(단열재)은 생활 폐기물이 아니라 산업 폐기물이다.

❾ **음식물 (농산물)**
- 음식물 건조 망에 음식물 쓰레기를 말려 버리면 양도 줄고 냄새도 안 난다.
- 음식물 쓰레기가 아닌 것 (자자체 주민센터별로 상이) : 딱딱한 껍데기, 씨, 뼈다귀, 한약재 찌꺼기, 된장, 고추장 등의 장류

❿ **폐가전제품**
- 가전제품 무상방문 수거 서비스 www.15990903.or.kr
- 폐가구, 전기장판, 전자악기는 주민센터에 대형폐기물 신고 후 수수료를 납부하고 배출한다.

⓫ **구입처나 특정 장소에 배출할 품목**
- (가정용) 페인트, 락카, 폐유, 폐흡수제 등 화학제품
  : 한강유역환경청 혹은 각 구청 홈페이지에서 소량 지정 폐기물 처리 서비스 검색 후 지역에 맞는 처리업체에 신청한다. 비용을 부담하면 환경과 건강에 유해한 성분을 안전하게 처리할 수 있다(방문비 1만 원 및 처리비 600원/kg).
- 기름(기계) : 판매처, 구입처 문의
- 엔진오일, 윤활유, 자동차 부품, 타이어 : 카센터 등 구입처에 배출
- 의약품 : 가까운 약국 전용수거함에 배출
- 폐토너 및 카트리지 : 재생 가능 품목과 아닌 품목이 있으니 토너 수거업체에 문의해 재생 가능한 경우 재활용, 그렇지 않을 경우 종량제봉투에 배출
- 건전지 및 형광등, 전구 : 폐건전지 및 폐형광등 수거함에 배출

재활용 OX 퀴즈

① 종이컵은 종이류와 함께 배출한다.

② 유리병은 색에 관계없이 재활용된다.

③ 유리 냄비 뚜껑은 종량제봉투에 버리는 일반 쓰레기이다.

④ 도자기(그릇)는 재활용품이다.

⑤ 과일을 하나하나 감싼 스티로폼 완충재(과일 난좌)는 재활용품이다.

⑥ 전선은 재활용품이다.

⑦ 세탁소 옷걸이는 종량제봉투에 버리는 일반 쓰레기이다.

⑧ 페트병에는 종이 라벨보다 합성수지 라벨이 낫다.

⑨ 일회용 컵에 로고를 인쇄하는 것은 재활용을 방해한다.

⑩ 색에 상관없이 스티로폼, 트레이 등이 재활용된다.

정답

① X (종이컵, 종이팩, 멸균팩은 종이와 따로 모아 내놓는다.)

② X (유리병은 갈색, 무색, 녹색만 재활용된다. 화장품 병으로 사용되는 불투명한 '유백
유리'는 재활용되지 않는다.)

③ O (내열유리류는 종량제봉투에 버린다.)

④ X

⑤ X

⑥ O

⑦ O (깨끗한 옷걸이는 동네 세탁소에 반납한다.)

⑧ O (재활용은 무조건 재질이 같아야 한다. 페트가 합성수지이므로 합성수지가 더 낫
지만, 대개 폴리에틸렌이라는 다른 플라스틱을 사용하므로 되도록 라벨을 제거해 분
리배출한다.)

⑨ O (투명하거나 색이 없어야 재활용이 잘된다. 컵에 직접 인쇄하면 색이 들어가 재활
용을 방해한다.)

⑩ X (백색 스티로폼만 해당됨. 유색이나 빨간 선이 그어진 스티로폼은 재활용이 힘듦.)

▷ 8개 이상 정답 : 재활용 우수 ⇒ 아는 만큼 실천하고 계시는 거죠?

▷ 6개 이상 정답 : 재활용 보통 ⇒ 조금만 더 공부해보아요.

▷ 5개 이하 정답 : 재활용 어려움 수준 ⇒ 분리수거 상식을 다시 읽어보아요.

탄소발자국을 줄이는 생활 속 환경 실천법

교통

실천방안	CO$_2$ 저감량 (연간)	비용절감효과 (연간)	나무식재효과 (연간)
합계	1,241.6 kgCO$_2$	873,010원	188.1 그루
가까운 거리는 도보나 자전거 이용(주 1회)	25.1 kgCO$_2$	17,672원	3.8 그루
승용차 대신 대중교통 이용(주 1회)	469.4 kgCO$_2$	330,022원	71.1 그루
급제동, 급출발 하지 않기	26.3 kgCO$_2$	18,427원	4.0 그루
불필요한 엔진공회전 하지 않기	41.1 kgCO$_2$	29,000원	6.2 그루
경제속도(60~80km/h) 준수하기(20% 실천)	65.9 kgCO$_2$	46,369원	10.0 그루
불필요한 짐 싣고 다니지 않기	56.0 kgCO$_2$	39,421원	8.5 그루
내리막길 운전 시 가속페달 밟지 않기	48.3 kgCO$_2$	33,984원	7.3 그루
신호대기 시 기어를 중립으로 놓기	13 kgCO$_2$	9,062원	2 그루
자동차 에어컨 사용 20% 줄이기	22.7 kgCO$_2$	16,010원	3.4 그루
주기적으로 타이어 공기압 체크하기	82.4 kgCO$_2$	57,848원	12.5 그루
출발 전 주행 경로와 시간 파악하기	391.4 kgCO$_2$	275,195원	59.3 그루

냉난방

실천방안	CO$_2$ 저감량 (연간)	비용절감효과 (연간)	나무식재효과 (연간)
합계	359.9 kgCO$_2$	130,762원	54.5 그루
에어컨 사용 1시간 줄이기	14.1 kgCO$_2$	4,195원	2.1 그루
에어컨 냉방온도 2℃ 높이기	5.3 kgCO$_2$	1,560원	0.8 그루
주기적으로 에어컨 필터 청소하기	1.2 kgCO$_2$	363원	0.2 그루
보일러 사용 1시간 줄이기	138.3 kgCO$_2$	50,892원	21 그루
보일러 난방온도 2℃ 낮추기	71.4 kgCO$_2$	26,260원	10.8 그루
단열재로 열손실 방지하기	71.4 kgCO$_2$	26,260원	10.8 그루
주기적으로 보일러 내부 청소하기	55.3 kgCO$_2$	20,357원	8.4 그루
전기장판 사용 1시간 줄이기	2.9 kgCO$_2$	875원	0.4 그루

전기

실천방안	CO$_2$ 저감량 (연간)	비용절감효과 (연간)	나무식재효과 (연간)
합계	239.6 kgCO$_2$	71,104원	36.3 그루
컴퓨터 절전 프로그램(그린터치) 사용하기	17.7 kgCO$_2$	5,252원	2.7 그루
눈 건강을 위한 하루 1시간 소등하기	15 kgCO$_2$	4,447원	2.3 그루
사용 않는 가전제품의 플러그 뽑기	12.6 kgCO$_2$	3,731원	4.7 그루
에너지효율이 높은 TV 사용하기	37.1 kgCO$_2$	11,026원	5.6 그루
에너지효율이 높은 세탁기 사용하기	2.4 kgCO$_2$	707원	0.4 그루
에너지효율이 높은 냉장고 사용하기	24 kgCO$_2$	7,120원	3.6 그루
에너지효율이 높은 전기밥솥 사용하기	19.6 kgCO$_2$	5,826원	3 그루
에너지효율이 높은 조명 사용하기	74.9 kgCO$_2$	22,236원	11.3 그루
TV 사용 시간 1시간 줄이기	7.9 kgCO$_2$	2,351원	1.2 그루
전기밥솥 보온 3시간 줄이기	25.9 kgCO$_2$	7,676원	3.9 그루
세탁 횟수 주 1회 줄이기	2.5 kgCO$_2$	732원	0.4 그루

자원

실천방안	CO$_2$ 저감량 (연간)	비용절감효과 (연간)	나무식재효과 (연간)
합계	188 kgCO$_2$	60,027원	28.44 그루
종이 청구서를 이메일·스마트폰으로 바꾸기	0.3 kgCO$_2$	–	0.04 그루
종이타월 대신 개인 손수건 사용하기	10.5 kgCO$_2$	–	1.6 그루
종이컵 대신 개인 컵 사용하기	3.5 kgCO$_2$	–	0.5 그루
비닐봉투 대신 장바구니 사용하기	2.5 kgCO$_2$	–	0.4 그루
수입식품 사용 10% 줄이기	16.7 kgCO$_2$	–	2.5 그루
음식물쓰레기 20% 줄이기	36.2 kgCO$_2$	–	5.5 그루
재활용이 가능한 유리병, 캔 등 분리배출하기	88 kgCO$_2$	–	13.3 그루
절수기기 사용 늘리기	18.9 kgCO$_2$	37,547원	2.9 그루
피부건강을 위해 샤워시간 줄이기	6.6 kgCO$_2$	12,838원	1 그루
물을 받아서 설거지 하기	4.8 kgCO$_2$	9,642원	0.7 그루

※ 출처: 한국기후·환경네트워크 kcen.kr

미니멀 라이프가 실현되는 기부 공간

- 사용 가능한 의류 및 생활용품
  : '아름다운 가게' beautifulstore.org '굿윌스토어' milalgoodwill.org '숲스토리' www.soopstory.net

- 안경 : 다 쓴 안경을 기부하여 아시아·아프리카 사람들에게 전달하는 '안아주세요' hugforvision.com(기부받는 기간이 정해져 있으니 기간을 먼저 확인한다.)

- 크레파스·이면지 : 크레파스를 재가공하여 미술용품을 만들고 이면지 공책을 만들어 필요한 곳에 전달 '옮김' omkim.org

- 학용품 : 제 3세계 필요한 어린이들에게 전달하는 '호펜' hopenproject.blog.me(기부받는 기간이 정해져 있으니 기간을 먼저 확인한다.)

- 책 : 책을 필요한 사람과 기관 등에 전달하는 '국립중앙도서관 책다모아' nl.go.kr/sun '책나눔 운동본부' givebook.or.kr

- 장난감 기부·교환 : '서울시 녹색장난감도서관' seoultoy.or.kr/new/kids/exchange.php

- 임산부 및 아기용품
  : 물품이 필요한 한부모 가족에게 전달하는 '러브더월드' lovetheworld.or.kr

- 의류 및 신발 : 기부받은 의류를 빈곤국과 소외계층에 전달하는 '옷캔' otcan.org

- 정장 : 취업준비생에게 정장을 대여하는 '열린 옷장' theopencloset.net

- 중고 가전 : 사용할 수 있는 중고 가전을 주거 취약계층(홈리스) 자활을 위해 사용하는 '빅이슈' bigissue.kr

- 폐휴대폰 및 폐가전제품 : 폐휴대폰과 폐가전제품 속 금속자원을 재활용하

는 '한국전자제품자원순환공제조합' 나눔폰.kr

- 식품 및 생활용품 : 기부받은 식품과 생활용품을 소외계층에 나누는 '전국푸드뱅크' www.foodbank1377.org

- 이불·수건·사료·반려동물 물품 : 동물보호소 혹은 유기동물을 위해 사용하는 '카라' '한국동물보호교육재단' '유기동물 행복 찾는 사람들' '서울대공원 동물원 유인원관(솜이 든 것은 절대 안 됨)' '천안시 유기동물보호소'

- 수건·물티슈·세탁 세제·섬유유연제·락스·고양이용품 : '한국고양이보호협회' catcare.or.kr/goods

- 아이스팩 : 서울 강동구청 내 주민센터, 서울 망원동 울림두레생협 등에서 기증받은 아이스팩을 업체에 제공해 재사용

- 자전거 : 기증받은 자전거를 수리하여 재사용하거나 워크숍에 사용하는 '약속의 자전거' prombicycle.modoo.at

- 안 쓰는 텀블러를 공유 텀블러로 사용
  - 보틀팩토리 instagram.com/bottle_factor : 서울 서대문구 연희동에 위치한 일회용품 없는 카페로 행사 시 텀블러 대여 및 세척 서비스 제공
  - 달냥 instagram.com/dalyang_vegancafe : 서울 은평구 불광동 혁신파크 상상청에 위치한 채식 카페로 테이크아웃 컵으로 텀블러 사용
  - 통블러 instagram.com/tongbler_official : 안 쓰는 텀블러를 기부받아 통영 내 크고 작은 축제의 공유 텀블러로 사용

공간 재활용! 버려진 공간에 숨을 불어넣다

- 스튜디오 콘크리트 (서울시 용산구 한남대로 162)
  : 낡은 다세대 빌라가 루프탑 바를 갖춘 한남동 명소로 재탄생

- 눅 서울 (서울시 용산구 소월로2나길 6-2)
  : 서울역과 남산 사이 일제시대 적산가옥이 숙박 공간으로 재탄생

- 행화탕 (서울시 마포구 마포대로19길 12)
  : 아현동 옛날 목욕탕이 '예술로 목욕합니다'라는 문화복합공간으로 재탄생

- 문화비축기지 (서울시 마포구 성산동 661)
  : 석유비축기지가 다양한 테마의 공원으로 재탄생

- 성수연방 (서울시 성동구 성수이로14길 14)
  : 낡은 화학 공장이 복합문화공간으로 재탄생

- 소다미술관 (경기도 화성시 효행로707번길 30)
  : 방치된 대형 찜질방이 디자인과 건축 미술관으로 재탄생

- 부천아트벙커B39 (경기도 부천시 삼작로 53)
  : 소각장이 카페와 예술복합공간으로 재탄생

- 조양방직 (인천시 강화군 강화읍 향나무길5번길 12)
  : 국내 최초의 인견 공장터와 건물이 300평대의 카페로 재탄생

- 코스모40 (인천시 서구 장고개로231번길 9)
  : 이산화티타늄을 생산하던 공장 건물이 지역과 문화를 잇는 복합문화공간으로 재탄생

- 인천아트플랫폼 (인천시 중구 제물량로 218번길 3)
  : 인천 구도심에 있던 폐공장이 예술 플랫폼으로 재탄생

- 국립현대미술관 청주관 (충북 청주시 청원구 상당로31 청주첨단문화산업단지)
  : 연초제초장 건물이 개방형 수장고를 갖춘 미술관으로 재탄생

- F1963 (부산시 수영구 구락로123번길 20)
  : 고려제강 폐공장과 부지가 카페 및 쇼핑몰 등으로 재탄생

- 라르시클레리 (울산시 남구 삼호로7번길 25) : 오래된 건물 외관을 살리고 버려
  진 가구와 재활용 인테리어로 꾸민 카페 겸 쇼룸

- 노티스1950 (부산시 중구 대교로 135)
  : 기존 창고를 그대로 살려 부산의 지역 음식을 맛보는 복합 카페로 재탄생

- 빛의 벙커 (제주시 서귀포 성산읍 고성리 2039-22)
  : 해저 광케이블 관리를 위해 만든 벙커가 독특한 전시 공간으로 재탄생

- 새빌 (제주시 제주 애월읍 평화로 1529)
  : 부도난 호텔 공간과 말목장이 베이커리 카페로 재탄생

공간을 재활용한 곳들

주석

p. 30   이성실·김미화, 「티셔츠가 된 페트병」, 자원순환사회연대, 2017. (비출간 자료집)

p. 35   Geyer R, Jambeck JR, Law KL.. "Production, use, and fate of all plastics ever made", Sci Adv. Jul 19, 3(7) (2017)

p. 39   시릴 디옹, 권지현 역, 『작은 행성을 위한 몇 가지 혁명』, 갈라파고스, 2019, 43쪽.

p. 52   엘리자베스 로이트, 이가람 역, 『보틀매니아』, 사문난적, 2009.

p. 56   릭 스미스·브루스 루리에, 임지원 역, 『슬로우 데스』, 동아일보사, 2011.
           샌드라 스타인그래버, 이지윤 역, 『먹고 마시고 숨쉬는 것들의 반란』 Archive(아카이브), 2012.

p. 58   찰스 무어·커샌드라 필립스, 이지연 역, 『플라스틱 바다』, 미지북스, 2013.

p. 59   고혜미, 「플라스틱에 대한 당신의 걱정 그리고 과학이 말해주는 진실」, 2018 플라스틱 없는 서울만들기 토론회 자료집 (「멸치 삶는 플라스틱 채발서 기준 초과 납성분 검출」, <연합뉴스> 2013.10.21 (인터넷 기사) 재인용)

p. 60   릭 스미스·브루스 루리에, 임지원 역, 『슬로우 데스』, 동아일보사, 2011.

p. 68·69   GAIA/Zero Waste Europe 자료집 「RECYCLING IS NOT ENOUGH」, 2018.

p. 77   2017년 세계자연보전연맹International Union for Conservation of Nature가 추정한 값

p. 91   「새롭게 뜨는 운동 '플로깅'…"지구 위해 달린다"」, <KBS 뉴스>, 2018. 7. 25

p. 121   <하버비스트>, 「섬유 폐기물, 1960년 이후 811% 증가했다」, 2019.7.29 https://hypebeast.kr/2019/7/textile-plastics-waste-increase-811-percent-since-1960

p. 122   신한금융투자, <석유화학(화섬)>, 2018.11.26

p. 126   「합성섬유의류가 바다 위협…세탁폐수서 미세플라스틱 검출」, <KBS 뉴스>,

2018. 12. 25

p. 131 「생수 사 마시는 사람, 미세플라스틱도 사 마시는 꼴 」(조선일보, 2019. 6. 7)

p. 144 이성실·김미화, 「티셔츠가 된 페트병」. (비출간 자료집), 자원순환사회연대, 2017.

p. 149·154 작은것이아름답다 편집부, 『녹색상담소』, 작은것이아름답다, 2019.

p. 150 「전국 폐기물 발생 및 처리현황 통계자료 」, 2017.

p. 163 유영선, 「국내외 바이오 플라스틱 종류, 인증 라벨, 규제 및 시장동향」, 국내IP 환경동향보고」, 환경부·한국환경산업기술원, 2019.

p. 166 「친환경 '생분해성' 용기의 역설 」(동아사이언스, 2019. 6. 3)

p. 172 작은것이아름답다 편집부, 『녹색상담소』, 작은것이아름답다, 2019.

p. 173 김지은, 「자원재활용법 등 관련법의 개정 방향 – 핀란드 사례를 중심으로 」, '플라스틱 사용 저감을 위한 재사용 법제 개선 정책토론회' 자료집, 녹색연합, 2019.

p. 189 정희진 외, 『양성평등에 반대한다』, 교양인, 2016.
황주영, 「채식을 생각하는 또 다른 관점 : 에코페미니즘과 동물산업복합체」, '일상에서 육식을 돌아보다' 자료집, 동물권행동 카라, 2015.

p. 209 Katherine E. Boronow, Julia Green Brody et al. "Serum concentrations of PFASs and exposure-related behaviors in African American and non-Hispanic white women", Journal of Exposure Science & Environmental Epidemiology:29(2019)

p. 245 생명다양성재단·캠브리지 대학교 동물학과 공동조사, 「한국 플라스틱 쓰레기가 해양동물에 미치는 영향 」, '쓰레기와 동물과 시' 연구 보고서, 2019. (전국 폐기물 발생 및 처리현황 통계자료 재인용)
이성실·김미화, 「티셔츠가 된 페트병」, 자원순환사회연대, 2017. (비출간 자료집)

우린 일회용이 아니니까

쓰레기 사회에서 살아남는 플라스틱 프리 실천법

2019년 10월 7일 1판 1쇄 발행
2024년 5월 2일 1판 9쇄 발행

지은이   고금숙
펴낸이   이미경

디자인   류지혜
일러스트   임정미
모니터링   손지은 이윤형 한정혜
제작   올인피앤비

펴낸곳   도서출판 슬로비
　　　　등록 2013년 5월 22일(제2013-000148호)
　　　　전화 070-4413-3037 팩스0303-3447-3037
　　　　전자우편 slobbiebook@naver.com
　　　　www.slobbiebook.com

ISBN   979-11-87135-14-2 (03330)

이 도서의 국립중앙도서관 출판예정도서목록(CIP)은 서지정보유통지원시스템 홈페이지
(http://seoji.nl.go.kr)와 국가자료종합목록 구축시스템(http://kolis-net.nl.go.kr)에서
이용하실 수 있습니다. (CIP제어번호 : CIP2019037277)

"이 도서는 한국출판문화산업진흥원의 '2019년 출판콘텐츠 창작 자금 지원 사업'의 일환으로
국민체육진흥기금을 지원받아 제작되었습니다."